KB273104

백수 아지매 10억 만들기

이난희 지음

명지사

사람이 살아가는 데 기본적으로 필요한 세 가지는 의, 식, 주입니다. 그러다 보니 우리 인간들은 정신적인 것보다 물질적인 것에 더 치중하는 것인지도 모릅니다. 그래서 그런지 지금은 과거의 선비 정신보다는 어떤 수단과 방법을 가리지 않고 부를 축적하려는 사람들이 많아진 것 같습니다. 그만큼 사회가 인간을 물질의 노예로 만들어 놓았다고 해도 과언은 아닐 것입니다.

그러다 보니 자연 풍요 속의 빈곤이라고, 정신적인 것이 황폐화되면서 우리를 슬프게 하지만, 현실을 무시하기엔 우리 인간은 너무나 미약한 힘을 가진 것 같습니다.

얼마 전 뉴스를 보면서 직장인들이 승진이나 업무보다는 재력에 대한 관심을 가지며, two job을 찾는다는 보도를 접하게 되었습니다. 그때 옛 어른들의 말씀인 한 우물을 파라는 말이 무색해, 과연 two job의 의미가 올바른 전문인들을 만드는 데 역행하지는 않을까 생각해 봤습니다. 그러나 지금은 한 가지만을 잘해서 성공하기란 결코 쉬운 세상이 아니라는 걸 알게 되었습니다.

사실 본인도 학생들을 지도하면서 알게 모르게 주식을 접하게 되었습니다.

처음엔 단순히 뜬 구름에 사로잡혀 노력의 결실을 무시한 채 욕심만을 가득 채우고 이 시장을 바라보았습니다.

그렇게 몇 해를 지내다 보니 당연히 저에게 주어진 결과는 불을 보듯 뻔했습니다. 하지만 저는 시장을 거부할 수 없었습니다. 거부하면 거부할수록 알 수 없는 마력에 헤쳐 나가기가 너무나 벅찼습니다. 마치 잊으려고 해도 잊을 수 없는 첫사랑처럼 말입니다. 그만큼 주식시장은 매력 덩어리인 것만큼은 사실입니다.

그래서 저는 시장이 뿌리치면 뿌리칠수록 더 강하게 집착했습니다. 그리고 과감하게 시장을 냉철한 눈으로 보자고 다시 한번 더 덤벼들었습니다. 주식시장에서의 환시적인 착시 욕심, 한 방 올인… 이러한 용어는 저 강물에 멀리 던져 버렸습니다.

그러는 동안 저도 저 자신을 통제할 수 있는, 우습지만 해탈의 경지에 도달하게 되더군요. 마치 욕심이라는 마귀가 떨쳐져 나가고 나니, 이제야 제 본성을 찾은 듯했습니다.

반드시 노력한 결과만큼만 주어지는 자그마한 것에도 행운의 여신에게 감사할 줄 아는 느긋함이 제가 시장을 똑바로 볼 수 있는 힘을 가져다 주었던 것입니다.

님들…

주식 시장은 우리 경제의 지표입니다. 시장에서 말하는 가격이 그 기업의 가치를 충분히 반영해 주어야 합니다. 그러나 시장은 그렇게 정칙대로만 끌려가지 않습니다. 우리 나라뿐만이 아니라 어느 나라를 막론하고 우리가 모르는 수많은 사연들이 시장에는 빼곡이 깔려 있습니다.

흔히들 속되게 표현하시는 분들은 주식시장을 허가받은 노름판(?)이라고 하지들 않습니까? 그러다 보니 작전이다라는 말마저도 인정되고 있는 것을 보면 서글픈 현실이기도 합니다.

그러나 주식시장은 자본주의의 꽃이라고 감히 말씀드리고 싶습니다. 그만큼 경제에 미치는 영향이 지대하다고 해도 지나치지 않다는 것입니다.

어쩔 수 없는 정치와 경제의 연관 고리를 부정한다는 것 자체가 어찌 보면 바보스럽습니다. 그래서 저는 이와 관련된 일을 하면서 지금까지 잘못된 패턴으로 바라보던 시장을 보다 더 건전하고 밝은 모습으로 나아갈 수 있는 주식시장의 혁명을 일으키고 싶었습니다. 그건 바로 이 시장을 바라보는 주체자가 하나 둘씩 변해 가야 한다는 것입니다.

그렇게 되었을 때 우리 주식시장은 밝아지지 않을까 조심스럽게 점쳐 봅니다.

본인도 이 책을 내면서 무척 망설였습니다. 그러나 처음 주식을 접하시는 분들께서 저의 글을 통해서 먼저 간접 체험을 해 보실 수 있을 것 같아 과감하게 책을 출판하기에 이르렀던 것입니다. 아무튼 이 책이 주식에 관심을 가지신 분들께 조그마한 도움이라도 되었으면 하는 바램입니다.

그리고 그 동안 많은 어려움 속에서 끝까지 저를 믿어준 가족들… 그 중에서 배우자에게 부끄럽지만 고마움을 느끼고, 아울러 'e0' 사이트에서 애널리스트의 활동을 하는 데 많은 도움을 준 '빙그래'님께도 감사드리며, 이 책이 나오기까지 많은 격려를 아끼지 않으신 명지사 박명호 사장님께도 감사드립니다. 또한 'e0' 사이트의 저의 라이브 회원님들의 스스럼없는 매매일지 공개에도 진심으로 감사드립니다.

차 례

백수 아지매

10억 만들기

고 백

빠이오 리돔… 치사빤쭈다.

그래 주식하는 사람치고
사연 없는 사람 없다 그랬지예.
맞아예.
나도 그 보따리 함 풀어 볼라꼬예.

98년 여름이었나…
그때 열심히 향토 지키고 있었는데
갑자기 불어닥친 구조조정 감원 등으로
목숨이 지 목숨이 아닌 때가 있었어예.
그때 영감탱구 따라 서울행…
죽어도 안 올라 했어예.
힘 좋은 아지매가 향토를 안 지키면 누가 지키냐고…

근데 우짜겠어예. 묵고 살라 하면…

처음 와가 엄청 힘들었어예.
집값은 말할 것도 없고
촌의 집 팔아도 서울에 전세 구하기도 힘들었지예.
좁은 땅덩거리 안에서 이만큼 차이 나나…
서럽더라구요.
그리고 가는 곳마다
우리 아그들 사투리 팍팍 해대니
저거는 재밌고 우습다고 하는데 쪽 팔려서
어디 가서 말도 잘 못했어예.
그래가 물건 사러 가도
손가락가 갈르키기만 하고 말 안 했어예.
말하면 또 웃을끼고
뭐한다고 용 써가며 서울말 할라꼬예.
기냥 내 쪼대로 살란다 하고예~

이야기가 엉뚱 데로 갔네예.
다시 원위치…
이 아지매가 처음 주식을 하게 된 것도
LG정보통신 공모주였어예.

그 해 12월에 친구 따라 강남 가서
쪼매 신청했는데 그때 공모가가 2만 얼마인 걸로 기억나네예.

그래가 4만원 정도에 팔았는데…
그게 지금 나의 주식 인생에 한 획이었네예.
엄청 거창하게 보이지만…
아무것도 아니라예…
아지매…
세상에 힘 안 들이고 이렇게 따블 장사가 있나?
하고 놀랬지예.
그라고도 더 올라가 10만원이 넘은 것으로 알고 있지예.
지금은 몰라예. 알고 싶지도 않고예.
그때 한창 주식시장이 물이 오를 때였으니까…

그래 좋다… 함 붙어보자…
꽁치논 거 증펭사에 갖다 주기 바빴어예.
짜다락 없시믄서 한꺼번에 다 줄라까이 아까웠나…
주식 주짜도 모리면서…

99년 3월
아그들 모두 유치원에 간아뿌고
아침마다 증펭사 출근했어예.
누가 보면 엄청난 일 하고 댕기는 것처럼 보였을꺼네예.
알고 보면 아무것도 아닌데예.
그때는 컴도 몰랐고, 그라프가 뭔지도,
컴 속에서 어떤 액기스를 주는지도 아무것도 모르고
그냥 전광판만 뚫어져라 보고 오는 게

아지매 하루 임무였지예.
그래서 처음 내가 전광판 속에서 골란 놈이
대우중공업이였어예.
그때 당시로 5천원인가 했는데 그게 꼭지였다나?
와 샀냐꼬예?
내가 아는 대우쭝은 억쑤로 큰데
값은 회사 덩치에 비해 너무 싸서. ㅎㅎㅎ…
나중에 알고 보니 처음 초짜들이 많이 산다고 하데예…
역쉬 초짜…
그 다음 산 게 삼성쭝공업…
둘다 돌땡거리 사놓고 가슴앓이 많이 했지예.
참 지금 생각하면 우스워예…

그렇게 엎어지고 깨지고를 반복하고…
안 묵고 안 써서 증펭사 교주한테 다 바쳤지예…
그라면서 그때…
그 교주가 주식 3일 보유 안 해도 되고
집에서도 편안히 할 수 있게 해준다 하데예.
맨날 이 아자씨 눈치 보고 저 아자씨 눈치 보면서
코드 번호 치기 신갱쓰였는데…
증펭사 교주가 풀어준 게 바로 데이트레이띵이었지예.

데이트레이띵!
이게 사람 안 잡았나요…

쪼매 실력이 붙었다고
와를 붙으면 사고
쭈르륵 흐르면 딘지고…
이러기를 미친년 널뛰듯이 수차례…
남아날 게 있겠어예…
썩은 집따까리 한 채 안 팔아묵었나요.
하하하하하… 지금은 웃음이 나온다마는
그때는 아지매도 편안히 쉬고 싶더라고예.
편안히 쉬는 게 뭐냐꼬예?…
죽는 거지 뭐겠어예!
그때 영감탱구는
뭐가 이뻐가 아지매를 쫓아내지도 않고
데리고 사는지 모르겠네예.
아마… 죽을 때까정 밥 걱정 안 할라꼬 그랬겠지예…

보소!! 이 아지매 데이한다꼬 욕하이소…
그래도 아지매 당당합니더예.
주식시장의 썩은 집따까리지만
뼈빠지게 벌어가 한 채 묻었다 아닙니꺼.
요새는 내가 저축해 논 거
쪼매씩 찾아오는 것밖에 없씸니더~
내 썩은 집따까리 다 찾으면 이래 안 살긴데…
그때가 운제가 될꼬…
요원하네예.

첫 사 랑

짜증지수… 왕짜증
못해 묵겄다.
아지매를 씨덜카는 하루였다.

아지매 아자씨한테
다 물어보이소예.
첫사랑 있냐고 그라믄
뭐라 하는 줄 압니꺼.
모두 다…
아지매 : 없어~예.
아자씨 : 없다 안 카나…
이렇게 말하지예.
우리 세상을 그래 살지 말아예.
똑바로 살아예.

아지매 떳떳하게 이바구합니더예.
아지매 첫사랑 있당…
아이쿠!
영감탱구 알면은 뒤통수 빵꾸날낀데…
빵꾸내라…
배 째라 그라지 뭐…
지금 와가 우짤끼고…
실마 쪼까내겠어예.

아지매도 한창 때는
나이가 말을 했다 아닙니꺼.
지금은 빵실하던 방구다이도 풍선 빠졌고
섬섬옥수도 갈쿠리되고
꾀꼬리 같은 목소리도 돼지 멱 따는 소리됐지만
그때는 그래도 손 대면 톡 하고 터질 것만 같은 그런 때가 있었
지예~
히히히…

그 남정네는 휴맥수 오빠야같이 잔터래기 많고
때론 국씬당 아자씨처럼 감미롭기도 했고
안철수 바이러스 같은 샤프한 머리에
대정크린보다 깨끗하고 핸샴한 남정네였지예.
히히히…
아지매 눈에만…

딴 가시나들은 이 아지매보고
눈 삐었다고 하데예.

그 남정네는 학교 가는 날보다 농땡이치는 날이 더 많았고
잡기라는 잡기는 그야말로 고수였고
지 미래를 설계하는 거는 죽기보다 싫어해서
이미 백수가 갖추어야 할 자세는 손색이 없었지예.
그야말로 오리가 지랄하면 나는 그런 백수 있잖아예.

그런데… 아지매는 그 남정네가 와 그리 좋아예~
지금도 못 잊어가 같이 백수 아지매 됐잖아예…

아마도! 그 남정네도 훈아 아제 노래처럼
어딘가 혼자서 골방에 처박혀
내처럼 이 꼴을 하고 있을지도 몰러…
루루룰러…
루루루룰… 러
아마 난 평생을 못 잊을 것 같어… 니… 를

결　혼

상종가를 잡아라…

92년 6월 이맘 때쯤였을 거라예.
친구 가시나들 의리 없이 저거끼리 모두 시집가버리고
아지매 혼자 남았다 아닙니꺼…
억우야꼬 심심테예.
그래가 알콩달콩 사는 집마다 찾아가 갠세이나왔잖아예.
히히히…
다 작전인기라.
구찮으면 우째 연결시켜 주겠지…
그란데 찔긴 가시나는
니 꼬라지를 알아라카면서 지만 재밌게 살더마는…
고~가시나 지금 우째 사는지 알아예?
지거 남편한테 움메 가죽어 하고 살고 있잖아예.

꼬시다~

아~그런데
한 칭구 가스나 집에 며칠을 민박치고 있었는데
그날 밤에 칭구 신랑이 구세주 같은 말을 하는 거라예…
"난희씨는 어떤 남자를 찾습니까?"
잉~이름 밝혀버렸네예…
아지매 이름이 너무 야하남!
ㅎㅎㅎ
잉~드디어 반응이 왔네…
그래 그럴 것이지. 히히히
작전 성공이다…
그래도 너무 티내면 꼴 보기 싫겠제.
그래가…
"아니라예~괜찮아예~"
그랬어예… 꼴에 존심은 있었는가봐예.
그런데 칭구 신랑이 자꾸자꾸 묻는 거라예.
"난희씨는 내가 말하는 사람 중에서 선택해 보세요.
새롬같이 구라 잘 치는 놈이 좋습니까?
아님
한빛소프트같이 힘센 놈이 좋습니까?
아니면
삼성전자같이 돈 많은 놈이 좋습니까?"
잉~내는 마

고거 다 갖춘 남자면 좋겠는데예.
그라고 싶었어예.
그런데 내 꼬라지를 알아야지예…
그럴 수 있나요. 그래가 내숭 좀 냈다 아닙니꺼.
"맴이 쭝요하지. 알아서 해 주이소…"
속으로는 지금 찬 밥 뜨신 밥 가리게 생겼어예~

드디어 92년 4월 어느 날…
해운데 앞 바다서 만났지예…
콩닥콩닥…
우째 생겼을꼬?… 궁금타…
씨엔씨엔터래기같이 털이 많을까?
그래도 남자의 심볼은 터래기 아닙니꺼…
가슴에 한 움큼 박힌 터래기…
아~짜릿하데이…

짠~등장
잉~상상 초월이데이…
저거는 울트라건설 아이가…
와… 망했네예…
185cm의 거구가 앉아 있는 거라예.
아지매 와 놀랐는 줄 알아예?
이 아지매 삼등신이거든예.
앉자마자 아지매 포기 묵고

영양가 없는 소리만 했어예.

아~그런데 일마가 눈이 훼까닥했는지
한 달만에 결혼할 수 있냐꼬 막 매달리잖아예…
억쑤로 굶었는 것 같아예…
하기사 그 나이까정 딸딸이친다고 얼마나 욕 봤겠어예!
눈에 뵈는 대로 다 묵고 싶은가봐예. ㅎㅎㅎ

이거 와 이라노…
니 나중에 후회할끼다.
내 성질 진짜 더럽데이.
이래도 저래도 안 되는기라예.
우짜노! 몬 이기는 척하고 한 달만에 결혼했어예.
긴데… 저는 상종쳤는데…
나는 이게 뭡니꺼?

첫 날 밤

딴딴딴~
"평생 사랑하겠씸니꺼?"
"예~… 예."

요즘도 그래 하는지 모리겠다마는
피로연에서 무슨 절차같이
꼭 계란을 깨가 노란 계란 알을
신랑 신부 입을 왕복하고
신랑이 꿀꺽 삼켜야 신혼 여행지로
보내 주는 악법이 있던 시대였지예.
억쑤로 촌발날리지예.

쪼다 같은 기 하다가 계란이 터져가 두 번 했잖아예…
하기사 3번 만나고 4번째 결혼했으니

확인 사살은커녕 손도 한번 못 잡아보고 식장에 왔잖아예.
그라이~지 딴아는 허락받고 하는 키스니까
얼마나 좋았겠어예… 히히히…

그런데 우리가 맨꼴지로 결혼했다고 했지예.
칭구들이 모두 아지매 아자씨였어예.
그라이 별소리를 다 하더마는…
"너거 그래 키 차이가 나가 우째 할끼고… "
짜슥아 돈워리다…
어젯밤에 내 소녀경 다 외웠다.
테크니쿠는 하나밖에 없나… 임마~
하고 속으로 내가 그랬지예.
모두들 억우야꼬 궁금한가봐예.
남팬은 갔다와가 갈차 준다면서
쩨쭈도로 향하여~

그날 밤!
와~떨리데예.
남팬도 약간 부끄러운가봐예.
어데 영화에서 훔치봤는지
비스무리하게 흉내내데예.
돈이 아까봐서 시키지는 못하고
아지매 칭구들이 맹글어준 과실 바구니 풀어가
와인인가 하는 거하고

묵지도 몬하는 얄구진 과일들 있잖아예.
어데 보다 못한 외국놈 과실…
그런 걸로 분위기 잡데예.
가시나들 차라리 내가 잘 묵는
사과나 한 소쿠리 담았시믄 잘 묵었을낀데…

짠~
마시라~부어라~
금새 한 병을 다 묵었버렸어예.
쪼매 걱정이 되더라구요.
갑자기 늑대되믄 무섭잖아예.
근데 헐크로 변해가 옷을 막 풀어헤치데예.
이 아지매 우짜노.
완존히 무방비 상탠데…

죄송합니더…
그 다음은 아지매 다 까묵었어예…
이 놈의 주식 때매 노망했는 것 같씀니더…
오늘 수익 나신 분은 추카추카드리구요.
손실 보신 분은 내일도 태양은 뜹니다…

쏘 다

경남 창원군 대산면 북부리 255번지.
여기가 어디냐고예?
울 아부지 고향이라예.

울 아부지는
엔씨쇼프트같이 핸쌈하고
비츠로같이 박력도 있었고
에이칩스맨큼 의리 있는
그야말로 지나가는 여자들이 그냥 놔두지 않는
그런 멋진 얼짱 싸나이였어예.

때론 군대 안 갈려고
파리약 묵꼬 연극도 할 줄 아는
재밌는 아부지였지예.

울 할배는
묵고 살 만해나니까
과실나무나 심구고
돈 안 되는 책 쪼가리만 펴놓고
세컨드를 11명이나 거느린
정말로 당대에 끝내 주는 카사노바였다니까요…?

이런 분위기 속에
학창 시절을 트위스트 추면서 보낸 울 아부지는
줄줄이 사탕처럼 많은 형제 중에 장남이자 장손이었지만
결혼과 동시에 숟가락 몽디 하나만 들고 고향을 뒤로 했다 하데
예…
지금이야 모두 분가해 살지만
그때는 장남이 살림을 나오는 건 어려븐 현실이었다나…

처음 부산 와가 살면서
고생은 말로 다 못했다고 하데예.
그때는(60년대) 모두 못 살아서
아그들도 마음대로 많이 못 낳았다 하네예.
둘만 낳아 잘 길르라꼬
나라에서 밤일까정 간섭했다고 안 합니꺼.
그래가 울 아부지도
정부 시책에 발마차 딱 2명만 낳았어예.

한 명 낳아라고 했시믄
이 아지매 세상 구경도 못할 뻔했을 텐데…
아찔하네예.

우쨌던 그런 어려븐 속에서
없는 놈이 돈 벌기는 하늘에 별 따묵기였을끼고
그런 울 아부지도 일확천금을 꿈꾼 건 당연했는 것 같아예.

울 아부지가 주식할 때는
지금보다 더한 무법천지였는데
경제신문은 말하면 잔소리고
텔레비도 흑백에다 뉴스 시간에도
지대로 이바구 안 해줬는데
울 아부지는 우째 했는지 모르겠어예.

80년 드디어 색깔 텔레비가 나오고
88올림픽을 할쯤
그때도 지금처럼 주식시장이 물이 올라
개똥이 소똥이 다 주식했다 하데예.
이미! 울 아부지는 도사가 되어 있었는데…

아침에 일어나기만 하면
울 아부지는
"쑈한다~쑈해~"

라고 하데예.
주식이 올랐다고 해도 그라고
주식이 내렸다고 해도 그라데예…
그런 울 아부지가
97년 억쑤로 추븐 겨울날 돌아가셨어예.

…

이미 울 아부지는
이 아지매가 이 꼴을 할 줄 알고
모든 진실을 갈차 줬는데도
아즉도 주식이와 놀아나고 있는 게 한심스럽게 보일끼라예…

오늘 따라
울 아부지가
억우야꼬 보고 싶네예~
아부지요~

청춘을 돌리도고~

첫 미팅구⋯ 치사빤쭈⋯

80년인가 그럴꺼라예.
그때는 고딩학교 다닐 때까지는
남자 여자가 얼굴도 똑바로 못 쳐다봤어예.
그래가 아지매 지금도 눈알 돌리는 거는 선수라예.
요새 아~덜은 상상도 못하지예.
학교는 가시나, 머시마 완존히 분리시켜 놓고
우짜다가 빵집이나 공원 같은 데서 몰래 만났다 하면
지는 그날로 교련 선생님한테
억사코 터지는 거는 말할 것도 없고
유기정학이나 무기정학 훈장 생기잖아예.
이기 뭐냐고예?
집이 깜빵소라고예.

집구석에 있어라 이 말이지예.
학교에서 오라 할 때까지
이불 뒤집어쓰고 있으면 된다는 그지예.

그란데… 요새 아덜은 얼매나 좋은 세상입니꺼?
저거끼리 온갖 행각 벌려도
바람직한 남녀 교제라고 안카나.
그라고 먼지 쪼매만 날리도 학교 오지 마라 하지예…
이 아지매는 총알도 피해가 학교 다녔는데…
참~좋은 세상이라예.

83년… 드디어 이 아지매도 맘 놓고 남정네를 만날 날이 왔어예…
5월 햇빛 따뜻한 날…
맨날 천날 교복만 입다가 사복이라 하는 거 입으니까
어바리 뺑추 같은기라예.
지딴아는 때빼고 광내도 호박이 수박 안 되지예!
그래도 열씸히 챙기가 미팅 장소로 갔어예.

짠~
아, 봐라 짜슥들…
모두 관리종목만 한 빼까리 와 있네.
잉~츄리닝 입고 고무신 신은 절마는 뭐꼬…
부도 직전이가… 닝기리…

그래도 우짜노.
파트너 정해야지예…
그때는 짝지을 때 지가 갖고 있는 거 내면
가시나들이 골랐거덩예.
근데 뭐 내는 줄 알아예.
썹원짜리 동전, 코 풀다가 만 휴지 쪼가리, 씨다 못하는 볼펜…
아… 속 시끄럽데이.
구찮아서 얼른 휴지 쪼가릴 안 잡았어예.
와~그거 잡았냐꼬예??
기냥… ㅎㅎㅎ
긴데 진짜로 씨레기통에 버리도 안 아까븐 놈이 걸린 거 있지
예…
참… 아지매 복도… 복도… 복또!
근데 글마 우리집 담벼락 밑에서
억우야꼬 아지매 이름 많이 불렀어예.
아지메 그럴 때도 있었남…
그래! 내 천날 만날 방구석에 처박혀가
간 쪼리 가며 이 지랄 할 줄 알았겠어예…
그래도 그때가 그립네여…

청~춘을 돌리도오공
절믐을 도오~고~

계란을 한 바구니에 담지 마라

어제 오훗장에 쪼매 사논 거 팔아묵라꼬…
아침부터 눈에 불을 질렀지예…
그란데… 우째 된 일이고?
어제하고 영 딴 판이네예.
모양 좋다고 샀더마는 매도가 꼽배기로 많아예.
요새는 그라픈지 뭔지 보고 사면
촌놈이라카더만 그래 역시 촌년인가봐예.
우째 된 게 이틀 빨간 불을 못 켜지예.
지지리 복도 없지예.
그래도 신경 꺼면 안 되지예.
우째 쇼를 부릴지 모르니까예.

근데… 갑자기 뭔 벨소리고…
아그들이네…

배꼽에 시계 붙었나. 우째 끼때는 저래 잘 알까에.

아침부터 신경 거슬린다꼬.

쪼까 보냈더마는 한 놈 더 달고 왔네예. 저런 왠수가 어디 있지예.

바빠 죽았는데…

들오자마자 짜장면 시켜달라고 하네예.

한 놈 얼굴에는 아예 시켜 주이소 아줌마예 써 있어예.

그래, 좋다 먹어봐라.

그라고 다시 작업하는데

내가 너무 열씸이니까 한 놈이 궁금한가봐예.

뭐라꼬 물어보네예.

"썹아… 너거 엄마 뭐하노… 게임 하나?"

"아이다. 경제 공부다."

"그게 뭐꼬?"

"주식…"

"주식이 뭐꼬?"

"그것도 모리나… 계란을 한 바구니에 담지 마라 아이가."

짜슥! 들은 풍월은 있어 갖고…

그래, 알 거는 미리 아는 것도 좋다마는

내것치 백수되면 안 된데이…

근데… 묵었으면 가지 와 안 가고 저래 떠드노.

지는 어디 가서 물 또 하나 못 얻어묵는기…

그것도 우찌 애비 닮았을꼬.

남팬도… 술 묵고 마 헤어지면 될긴데
꼭… 찌께다시를 델꼬 온다 아니라예.
마~마팍을 갈고 싶지마는 우짜겠어예.
아즉 본전 못했으니까 참아야지예. 실프다…

그라고 술상 바란다… 간도 크지예…
다른 마누라 만났으면 사망 아니면 중태였을기라예.
니는 마 운 좋은 줄 알고 살아라… 히히
우째 된 게 냉장통에 아무것도 없는 날은
귀신같이 델꼬 오네예… 미워라.
우짜겠어예. 사러 가야지예.
근데… 아지매는 와 밤길이 안 무썹지예…
이쁜 가시나는 무썹다 하던데예…
우째 내가 무써버 해야 될긴데 지나가는 지가 더 무써버 합니
꺼.
세상 불공평하네예. ㅎㅎㅎ
우짜던지… 이쁘고 봐야 하는기라예…
그래, 내 결씸했다 아닙니꺼…
함 꼬치 볼기라꼬예…
긴데 뭐부터 꼬치야 할지 엄두가 없네예…
거다가… 전자판지 뭔지 너무 쌔가지고
얼굴 색깔도 말이 아니라예.
언제 본전하고 보란 듯이 다녀볼까예~
그날이 그리워지네예.

화려한 변신은 이제 그만

와~봄이가…
날씨 너무 좋아예…
좋으면 뭐합니꺼. 따라 주는기 있어야지예.
맨날 방구석에 처박혀가 컴통 하나 끌안고 있으니
뭐! 보나 안 보나 꼬라지는 뻔한 거 아니겠어예.

머리는 수세민지 터래긴지 분간이 안 가고
뭐할라고 뽑아가지고 제대로 간수도 못하면서…

파션은 더 과간이네예.
남팬이 입다가 씨레기통에 버릴라 하는 거 아까봐서
가위로 가랑이만 대충 문질러가 입었지예.
윗도리는 와 그리 쫄려예.
터질라카네예.

막 삐지나올라케예~

생긴 꼬라지는 그래도 살아주는 남팬이 고맙지예.
어째 남팬도 순간에 눈이 뒤집히가 이래 고생하네예…
그래가 순간의 선택이 평생을 좌우한다고
우리 남팬 때매 나온 말 아닙니꺼.
우쨌던 참 남팬도 내하고 살아준다꼬 고생 많지예…
그래, 아지매도 인정합니더…
남팬도 남잔데 야들야들한 거 보면 파딱거리제…
마~내도 잘 알아예.

그래가 아지매도 함 변신해 볼라꼬예.
뭐 갈롱을 지킬라카면
맨저 살을 좀 빼야 되겠더라구예.
그래가 수영하까 에어로빅하까 등산하까 헬씨할까…
고민… 고민하다가…
수영하면…
수영장물 자꾸 넘친다꼬 안 받아줄꺼 같고
에어로빅 가면…
구들 내려앉는다고 퇴짜 줄끼고…
그라면 돈 안 드는 등산할까…
백수 아지매 주제에 뭐하러 돈 들이가 운동하겠어예.
유산손가 뭔가 하면서
박사들이 최고의 운동이라꼬

입에 침이 마르도록 얘기하던데…
그란데… 내같이 게을러서 등산하겠나?
돈이 들어야 아까봐서라도 가겠제…
아이다… 등산도 아이다…

그라면 헬씨밖에 없네.
그래, 딱 좋아…
렛씨~고… 헬씨장으로…

쪼께 떨리네예.
콩닥콩닥…
근데… 전부 다 날씬하네예.
운동 안 해도 되겠구마는
밥 묵고 할 일이 없나…

와… 몸 조타… 저 근육 봐라.
혹~시 영화 배우 아닌가예.
싸인해 달라카까.

"어떻게 오셨습니까?"
아이쿠 깜짝이야.
우째 오기는 살 뺄라고 왔제. 보면 모리나…
니 이 바닥에 몇 년째고, 니 초짜제…
"운동 할라꼬~예."

"그럼 들어오시죠."
짜슥! 보는 눈은 높아 가지고 사람 볼 줄 아네…
니는 마 기계 뽀싸진다꼬
못 들어오라 할 줄 알았는데…
"예~예."
헬씨장이가 나이트 클럽이가?
뭔 음악 소리가 이리 커노!
정신 없데이…
맞다. 이럴 때일수록 정신 똑바로 채려야 한데이.
홀리면 안 된데이…
와 이리 백수(?)들이 많노?
몸 조테이…
정신 몬 차리겠데이.
안 된다~안 된다~안 된다.
아지매 정신 차리라…

아~아이다.
살 빼러 가가 바람나면 큰일난다.
인생 종친데이…
마~그래도 밤에 남팬은 근육하고 아닌 거하고
구별해가 잘 만지는데…
굳이 뺄 필요 있겠냐!
마~이대로 살란다.

아침에 꾸무리하다가 쪼께 말그무리하다가(?) 됐다

요새는 와 그리 방학이 많지예…
또 방학이라네예… 뭐 같은 봄방학인가 뭔가가 사람 잡네예.
학교 보내고 학원 풀로 돌리면 맴껏 주식하는데…
요 며칠간은 아그들 땜에 될 일도 안 되네예.

그 놈의 남팬도 아침 좀 안 묵고 가면 안 되나요.
우째 삼시 세끼를 꼭 밥으로 때워야 합니꺼…
진짜 똥짜루 대단하네예…
저녁에는 잠이 와서 나시닥인지 꼬시닥인지 못 보고
아침에 일찍 일어나 나시닥 소식 들을라 하면
"밥 안 하고 뭐하노?"
문디~밥만 묵고 사나…
"언제는 굶가 보냈씹니꺼?"
아그들도 애비 닮아 똑같네예.

일요일 날은 이것 저것 신갱 끄고 푹 잘라 하면
와 그리 일찍 일어나예.
일찍 일어나는 거는 괜찮다만
일나자마자 밥 달라고 하네예.
"문디 짜슥들 그 애비에 그 새끼구먼."
마~성질 같아서는 다 패주고 싶지마는 우짜겠어예.
본전 할 때까정은 참아야지예.
아지매 신세 처량테이…

날씨가 씨꾸무리했지만 맴은 비행기 탔다

아지매 이래 주식 잘해도 되는기라예.
우짜다 소 뒷걸음치다가 그래 됐겠지예.
우짰던건에 쪼매 먹었어예.
우~씨.
아직 내 돈 다 찾을라 하면 쌔가 빠지구마는
노적벼까리에 불질러 놓고
박상 줏어 묵는 형국만큼 벌었다고 이 난리가…
그래도… 와 이리 입이 근지럽지예.
자랑하고 싶어 죽겠네예.
어떤 놈한테 한~구라를 칠까!
곰… 곰… 생각중~
뭐?
남팬한테 자랑하라고예?
미쳤어예?

아지메 이래 돈 잘 버는 줄 알고
회사 안 간다 하면 우짤라고예.
우쨌던지 남팬한테는
"시장 가면 쓸 게 없네예…
와 이리 비쌉니꺼…
아그들은 사달라 하는 게 너무 많아예."
이런 말만 해야 된다 아니라예.
알면써~예^.^
그래야 나라를 위해 요랑 소리나게 열씸히 일하지예.
집에 하나 백수면 됐지
둘까지 백수 맨들 필요 있겠어예^^

아~맞다.
사람 찾는 데 있다 그랬지예.
아이 러브 스쿨인가 뻐슨가 하는 데 말이라예.
그가면 다 찾는다 하던데…
쭈물락쭈물락…
일단 등록해 놓고…
아… 나왔다.
근데 아이 러브 스쿨은 억쑤로 잘 된다 하는데
금양은 와 저렇지예… 저 꼬라지 함 보이소예…
맨날 밑에 10만주씩 버티고 앉아 있는 절마는 뭐하는 놈입니꺼…
되게 할 일 없는가봐예.

아~찾았다.
꼬치 칭구 한 놈 찾았다.
참… 아지매 꼬치 없제…
아… 씰쑤!

전화 띠리링~띠리링.
직원 : 네에, 찌화쩐짜니다…
아지매 : 네, 수고 마느십니더… 쩐꾸랙씨 좀 바까주이소.
직원 : 누구시라고?
아지매 : 칭굽니더…

아지매 : 아~내다. 니 요새 뭐하노? 잘 돌아가나~?
쩐꾸랙 : 응, 그래, 잘 있다… 니는?
아지매 : 음~니는 주식 안 하나?
쩐꾸랙 : 내 쌀 묵고 산다.
잉~이기 무신 소리고?
아~지딴아 농담한다고 했네예.
아지매 잠시 형광등이 나갔나봐예.
맨날 방구석에만 처박혀 있으니 박자도 못 맞추네…
빙신 축구…~아지메…

아~그래가 주식 때매 내 인생 이래 되었고
돈도 억우야꼬 벌어가 감차놨고…
쫑알… 쫑알… 궁시렁… 쫑알…

아지매 공갈, 한 뻥, 구라 막 쳤어예.
그랬더니 글마… 갑자기 내한테 갈차달라꼬 막 매달리데예.
히히히…
짜슥! 순찐하기는 으ㅎㅎㅎ…
역쉬 내 구라는 아즉도 씰 만해~
진작에 내한테 매달리가 구제해 달라 했으면
지금쯤 편한 백성 됐을낀데.
니도 지지리 복도 없제…
이런 아지매를 놓치다니… ㅎㅎㅎ
아지매… 정신 차리라…
아무도 아지매 놓치가 후회한 놈 없데이…
잉~

아… 근데 쪼잔하게 글마가
우리 백수 세계하고 완전히 딴판이데예.
내가 추천해가 지가 꼴면
꼴았는 만큼 지한테 내놓아라 하는 거라예.
우리 백수는 지 돈 내고 추천 듣고
꼴아도 내 돈 돌리도 안 하는데예.
짜슥이~
니 아즉 주식할 자세가 안 됐다마~
자세부터 갖춰지면 이 아지매한테 문 두드리라…
그때는 혹~시 아나.
아지매도 돈 받고 운영하는 싸이트 하나 마련해가

"네, 안녕하십니꺼?
오늘의 관씸 종목은 다음이었십니더."
하고 있을지…
애널이 별거 있어예…
구라만 잘 치면 되는데 뭐…
아지매도 구라는 한 가닥 한다 아닙니꺼.
그때까정… 렛씨~고다…

아즉은 살아 있당…

안녕… 방가와~예.
아지매 그 동안 뭐한다꼬
팍수넷도 놀러 안 왔냐고예?

아지매 그 동안 죽다 살았다 아닙니꺼…
자쓱도 여럿이 이뻐해야 되는데…
천날 만날 삼전 자쓱만 주 빨아사니
뭐 할 맛이 나야지예.
아지매 멋도 모리고 우주통신 탔다가
널찌가 머리통 박살났어예~:::

그래가 병이라는 병은 다 생겼어예…
간은 쪼릴 때로 쪼리가 콩알만해졌고
맨날 전쟁인가 뭔가 핵 뿌린다고 겁주사니깐

가슴은 늘 콩딱거리지예.
그라다 보니
억우야꼬 긴장해나니께
오줌은 와 그리 자주 나옵니꺼…
혹시 요쎌끔 아인감?

그것뿐인 줄 알아예.
묵는 거는 뭘 묵는 줄도 모르고 아무거나 먹으니까
방구 연발 쏘아대지예…
이제는 마~앞도 침침해가 뵈이지도 않아예.

아지매!
이라다가 제명대로 살지도 몬하겠어예…
지발~누가 쫌 아지매 구해 주이소예…~

오늘 상태 내리가즘…

아지매 아침부터 억우야꼬 흥분했어예…
며칠 동안 이놈 저놈 건더리가
재미 좀 보더마는 아지매 눈에 뵈는 게 없었어예…
완죤히 뿅~묵었는 것 같아예.
그래가 오늘도 언놈 잡아묵을꼬 하고 기다렸지예.

요시~땡
자, 붙어보자…
내 오늘은 어떤 놈한테 박아볼까.
기래도 좀 싱싱한 것으로 요리해야겠지예…
아지매 연륜도 있으니께…
긴데 싱싱한 거는 와 이리 시퍼렇노…
어제 너무 시달렀나?
그라믄 약간 맛이 든 놈 함 볼까…

그래, 내 어제부터 ‘다음’이를 조금 호리볼라 했는데.
그래… 니도 파란 싸인 보내네…
우째 찜찜하다. 하지 말자 이기가…
아 근데… 밥 묵고 나니 힘이 생겼나.
와 이라노… 막 씨루네예…
기래…43,000원 박아라… 쌕쌕…
근데 이기 와 이라노?
도리 막 42,300원에 싸뿌네.
짜슥 지만 흥분하고 싸뿌나… 니 조루제… ㅎㅎㅎ

2번 타자.
퓨쳐 일마는 요새 유행하는 비아그라 약 묵었는지
아침부터 빳빳하게 서 있네예.
아지매 빳빳한 것 좋아하잖아예.
미련없이 13,300 함 박고
기분 좋아가 13,400원에 또 박았어예.
흐~미 막 가네.
약 묵은 놈이 다르네예.

아 근데 이놈은
어찌된 게 더 힘없이 쫄아들어뿌지예…
13,000원…
악~

3번 타자 등장.
숏타임 함 하자꼬
한신코퍼가 찌적되네예…
나시닥 가시나하고 함 탈끼라고
나시닥 가기 전에 함 붙어라 하네예.
그래, 우리 아지매 사전에
사양지심은 손해 막심이다…
그래, 좋다. 니는 한가즘 주겠제…
5,120원, 5,150… 5,170… 막 박았어예…
이거는 뭐 이런 기 다 있어예.
막 흔드네예.
그래, 기분은 엄청 좋네예.
근데 너무 흔들지 마레이~
죽었네예… 5,120… 5,110… 5,100… 5,070… 4,900… 4,850…
잉~다시 4,900… 4,950… 4,930… 4,970… 5,000…
에라이 내 너하고 몬하겠다.
내가 먼저 쌀란다 5,000엔…
에이~~더러븐 놈…

이 아지매
오늘 뚜껑 열렸어예…
그래가 한잔 했씸더…
알딸딸하네예…
히히히…

오늘 못 느낀 올가즘…
야간 개장에 상장된 테리 김하고 붙어야겠씸더…
야간 주식시장에 상장된 놈은
테리 김* 한 종목빢에 없씸더…

---

* 테리 김 = hus밴드…

숭악한 날이다. 꼭 기억하자.
날씨… 더러븐 황사 아즉 안 갔나!

아지매 돌기 일보 직전입니더…
잡지 마이소예~
봐라~
(누가 잡았남?)

아지매 살 존재 가치가 없다.
너무 어려븐 말 하지 마라.
기냥 욕 한번 하면 되지…

며칠이 아니고 내내 내리박았어예.
얼마나 처박았는지
열받는다고 다 주 뜯어가

대갈통 터래기가 훌빈하네예…
그래가 이 꼬라지로는 나가지도 못하겠어예.
누가 보믄 어디서 탈출했는 줄 알끼라예.

그 동안 쪼매 먹고
콧구멍 발랑발랑했는데
아지매 이제… 인생 완전 종쳤어예.
완전히 울고 싶어라입니더.
에라~이 씨퐝…

그렇다고 여기서 시마이 몬한다… 절대로!
잠시 누구 말 마따나 잠수할랍니다.
그때까정
아지매 아자씨덜 성공하이소…
며칠 쉬었다가 올께예…

널 짜다가 지 자리만 갖다도~

어제 나시닥 꼴아박았다 해도
아지매 안 쫄았어예.
힘 좋은 한빛 글마만 데블고 있어가…
근데 일마도 아침에 지도 별수없데예.
꼬치 내리고 앉았네예…
근데 언놈이 아즉 지 값어치 몬한다고 약을 막 먹이면서
"빨랑 따라와."
하고 꼬시데예.
그라이 시뻘거이 세워가
아지매 앞에서 스트립쇼를 막 하네.
더 붙어라꼬.
안 쏙는다마~
임마! 니 그 지랄 한두 번이가… 지랄지랄.
고마 씨륵씨륵 처자빠지네예.

에라이~더러븐 놈 빨딱 힘이었나?
그래도 반찬값 나왔남!
히히히…

아… 내가 좋아하는 터래기…
씨엔씨엔 터래기 이기 와 이라노…
억우야꼬 깊이 처박네예.
반등 주었지.
함 붙어볼까.
욕심 안 부리고 쪼께만 묵고 나와야지.
기래 하끼닥 잡았어예.
25,000냥…
가자 이랴~와 잘 간다…
기래 26,000, 26,100, 26,500…
와 팔아뿌까…
아이다. 내일까정 가졌다. 벌거이 막뚝 박네…
와 이리 실실거리노.
26,000 마지노 깻뿟다.
25,900, 25,800, 24,900…
본전도 깼뿟네예…
에이, 더러븐 터래기…
와~머리에 김 나나.
오네예… 모락… 모~락

요새 옆집 거래소 동네는 우짜 사는공!
동원 아자씨 금 캔다꼬…
벌건 막대기 여러 개 꽂아났네예.
아즉 금 안 캤나?
금 찾았다… 와르륵…
금 나올까… 와르륵…
금 캔다꼬… 와르륵…
많이도 해묵는다…
아지매도 40,000냥 같이 캐보자…
아자아자 아자아자~
에라이~똥금이네…

오날… 진짜루 데이 몬해 먹겠네예.
그래도 한 놈 끼고 자야지예.
내일 나시닥 가스나 치마 올려버리면 아침에 엿 되잖아예.
언놈하고 자볼까예…
그래도 찐덕한 놈이 괜찮겠지예.
그래, 대덕 촌놈 좋다…
14,900냥 됐나…
깍아준다꼬… 14,850냥, 기래도 좋다…
대덕이 일마 며칠 전부터 약간 구린 냄새가 나던데…
오늘 밤에 써비스 좀 잘해 주면
히히히~
널 아지매 황홀하게 해주겠지예~

진짜 꼬모리한 날이다

아지매 뭐 남들 하는
저쩜 매수 고쩜 매도 할끼라꼬
한번 팔아묵었시면 모하러 또 기들어갔을까예…
묵었시면 감싸합니더 하고 시마이했시면 본전이나 할낀데…
빼낸다고 하루 쟁일 똥 뺐네예.

근데 가마 있시 심심테예.
아침부터 다음이 살랑거리는기 수상터만…
대우 증꿩에서도 7만원 보닐끼라꼬 구라치는데…
긴데도 와 안 사고 싶지예.
그래, 맞다…
돈이 쪼매밖에 없네예…
처량테이…
고래 가꼬 새롬 함 봤제…

만만한 게 새롬 아닙니꺼…
새롬 게시판에 가이 부도날끼라꼬, 똥주라꼬…
분위기 살벌하데예.
긴데도 나는 와 그 똥주가 사고 싶을까예.
그라이 아직 돈 몬 벌었지예.
그래가 팍~사뿟다 아니라예… 빙신~쪼다~아지매.

그라이 노랭이 영감탱이 만나가
아직껏 고생 안 합니꺼.
아침에도 열 번은 더 세금내라고 게거품 물고 가더만…
잊어버리고 안 낼까봐서…

그래, 맞다… 늙어가이 뭐 제대로 되는 게 있겠어예…
뭐 여성 호르몬인지 뭔지가 자꾸 부족해져서
기억력이 감퇴된다나 어쩐다나…
그런 어려븐 거는 모르겠고…
코드 번호 외는 건만도 다행인 거 아닌가예~

영감탱구…
돈만 마이 주도
내 오늘 이런 씰쑤는 없었건만…
영감제이…
밤에 숙제도 지대로 몬하면서
돈 갖고 있시면 뭐하노!

간쪼린 날

엄청시리 아팠다.
아지매도 아프나…
그라믄 아지매는 인간 아닙니꺼예…
팔뚝에 힘 조으믄 안 아파야 합니꺼?…
아지매도 연약할 때 있씸미더…

어젯밤에 너무 아파가 한숨도 못 자고 낑낑대는데…
인간아… 니는 우찌 그리 필~도 없노…
우째 아침에 일나가 밥 안 주니까…
"아프나?"
그라데예.
내 이저껏 철칙은 몸져 눕지 않는 이상은 파업은 없으니
아픈 거라 찝었겠지예.
우~왠쑤…

굶을까봐 엄청 쫄고 있데… 셋이 다예.

병원에 가자고 하네예.
우짜겠어예 죽겄는데…
아침에 병원에서
피난온 줄 알고 놀랬을꺼라예.

의사 왈 : 뭐 신경 쓰실 일이 있었습니까?
남팬 왈 : 신갱 쓸 일이 뭐 있씸니꺼… 망개(백수) 묵고 노는
데…
의사 왈 : 근데 편도가 너무 급성이라서…
남팬 왈 : (억시로 놀라데예… 홀애비는 되기 싫은가봐예.) 그라
믄 우짤까예…
의사 왈 : 입원을 이삼일 해서 피로를 식히셔야… 하겠습니다…
어! 문 소리고!
내 사전에 입원은 없고
아 낳고도 다음날 퇴원한 철인 28호인데예.
뭔 구신 씨나락 까묵는 소리고?
요새 이 병원 잘 안 되는가봐예…
일요일도 영업하는 거 보니까예…

그때…
입원하면 인생 종치는데…
내가 아픈 것도 그놈의 쌔롬을

간도 크게 미수 풀빵을 때려가
그것 때매 신갱 써가 이래 아픈데.
그것 사놓고 똥도 노래(노랗게)가 나오던데…
안 된다… 내일 장 안 보면 진짜 사요나라 된다…

그래가… 아지매 의사 선생님께 매달렸어예.
의사 선상님, 내가요…
내일 엄청시리 중요한 일이 있씸미더.
그라이 오늘 놓을 수 있는 주사 최대까지 놓아주시고
약이나 좀 주이소 하고 사정했지예…
그란데… 남팬은 눈치도 없이 자꾸 입원하라네예…
언제부터 그래 생각했는지…
밥 몬할까봐 그리 꺽쩡되남?
돈~워리입니더~

억지로 고집 피워가
링겔 맞고 주사 3대 더 맞고
약 한 봉다리 받아가 벌떡 일나가 왔어예…
백수 아지매 대단하지예…
박수 함 쳐주이소예…
작은 놈도 쪼매 쫄았는지
"어머이요, 내일 아침 밥 해줄 수 있제. 내일 핵교 간다 아닙니
꺼."
자식이나 애비나 다 똑같네예.

내는마 주사바늘하고 맺 시간을 사투했는데
고작 하는 소리가 저렇네예…
아이쿠~그라고 그새를 못 참아가
내 주사 맞는 동안에 뭘 묵고 왔는지
셋이 다 입이 벌겋더라구요…
우 왠쑤~

고쑤님들!
이제 고마 쌔롬 씹어주이소…
쩰긴 똥은 똥 아입니꺼…
백수 아지매 이쁘게 봐주이소…
쌔롬 때매 아프몬
이제 백수 아지매 일기도 몬씁니더(협박 아닙니더. ㅎㅎㅎ)

새옹지마

쓰빠…
쫑또…
닝기리…
또 욕 없나?
아… 맞다.
씨뽕…
욕 나오는 하루데이…

아지매 며칠 동안
깨지고 처박고 터지고 해가
식목일에 나무도 안 숭구고
고루고 골란 놈이
레이~젠…
무신 회사냐꼬?

그런 건 모리고 이름이 멋있어가 찝었어예.
우째 최민수랑 비스무리할 것 같네예.
약간 터프할 것도 같고
때론 달콤하기도 할 것 같네예.
그래가 골랐지예.
긴데 이게 뭡니꺼?

"띠리링… 띠리링."
이건 또 뭐꼬?
마~받지 말까.
긴데 와 저리 찔기노…
에라~모리겠다. 받아보자.

"여보세요. 섭이 어머니시죠?"
"예… 그란데예~"
"여기 학교예요. 섭이가 다쳐서요…"
잉~
밥 잘 묵고 가가 다치기는 와 다치노!?
뭉디~짜슥~

후다닥후다닥 핵교로 달려갔어예.
짜스바리 놀래가 짜고 있더라고예.
와 놀래는 줄 알아예?
아지매 다치면 주팬다 아닙니꺼.

지 몸도 지가 관리 몬하는기 인긴이가 하면서…
아지매 무섭지예. ㅎㅎㅎ

일마 이거 핵교 갈 나이도 안 된 기를
유치원이 비싸가 억지로 돈 안 드는 핵교 보냈더만
처음부터 유치원보다 핵교가 재밌다고 하길래
일마는 인간 되겠다 싶었거덩예.
그라고 글도 모리고 입만 들고 갔는데
한 날 오더마는 받아쓰기 70점인 것 있지예…
빵점 한 번, 30점하고 40점…
그래도 지는 조금 있으면 백점 될끼라고
꿈에 부풀어 있데예…
그라이 일마 유치원보다 핵교 무대가 더 넓어서
온갖 쌩쇼를 다 했나봐예…

우짜겠어예. 질질 끌고 병원에 갔지예.
의사 선생님이
발목데기 뽀싸졌다 하네예.
에~이 씨팡…

큰놈 짜슥 작년에 눈 온다고 좋아가 나가더마는
손목아지 뿌사가 오데예.
그래가 기부스 푼 지 얼마나 된다꼬!
이제 쫌 빠꼼하나 했더마는

절마 때매 죽겠어예…

아… 긴데… 기부슨가 하는데 간호사 두고
이 아지매보고 잡아라 하더마는
의사 선생님 언근히 아지매 손은 와 잡아예!
아이꾸… 닝기리…
모… 다 찜승이네예…

그란데 손목아지 뽀싼 놈은
그래도 지 발로 다녔는데
일마는 우짤까예?
휴~울 아지매 갈 길이 아즉 먼데…

기래! 인생 새옹지마라 했지예…
쥐꾸멍에도 땡빛 비출 때 있다 그랬제…
아~아지매 오늘은 실프지만 내일은 다를끼라예.

힘냅시더. 아지매 아자씨덜…
아자아자 아자아자~

헛 꿈

졸라 심심했다…
그래가~백수 3년차님을 함 그려봤다 아닙니꺼~
와… 아지매 바람났어예.
남의 남정네는 뭐할라꼬 탐내노?
기냥 우에 생겼을꼬 하고 그려봤씀미더.
오바하지 마이소예.

준상이처럼 생겼을까?
글마 요새 여우하고 솜사탕인가 하는 데 나와가 출삭되던데…
아이다. 백수 3년차님은 그래 출삭되지도 않고
글마처럼 핸섬하지는 않을끼다…
음~그라믄 유호성이하고 비슷할까?
일마는 약간 터프하기는 하지만
맨날 따로국밥이던데…

남이 그렇다카면 지는 아이다 하면서 초만 치던데…
그라믄 아이제…
3년차님은 박자는 잘 맞추는 것 같던데…
음~그라믄 누굴꼬?
상벽이 행님처럼 생깄을까?
에에에… 아이다.
글마 억우야꼬로 찔뚝없는데.
아이다… 생긴 건 (죄송^^) 촌놈이던데…
맨날 아침마당인가 뭔가 나와가
남의 가정에 끼어들어가
콩나라 팥나라 우짜던데…
백수 3년차님은 남의 일은 간섭 안 할낀데…
음~그라믄
음~그라믄
우째 생겼을꼬?
…

아지매 너무 궁금테이~
오늘 밤에 3년차님을 한번 그리봐야겠다.
도화지 펴놓고…
눈 두 개, 코 하나, 입 하나
썰마~코 밑에 점은 없겠지~
흐흐흐~

빠이오리돔… 엄청 깨븐~~

즐거운 주말에 내 뒤통수 빵구나는 줄 알았어예.
종이 쪼가리 폐놓고 백수 3년차님 그리다가
남팬한테 터졌잖아예.
아이구 아파라~아지매 골로 간다…
힘이 없시믄 우짭니꺼.
터져야지예… ㅎㅎㅎ
그래가 체력은 국력, 아니 가정력이가…
아지매 그래가 운동장에 막 달려갔어예.
힘 기를라꼬예.

아! 갔더만 핵교 운동장마다 축구하네예.
월드캅 다 돼가나봐예.
내 혼자 운동하라꼬 비워논 곳이 없네예. 에라이 모르겠다…
지거는 축구하고

내는 내 운동하면 되지 뭐.
자, 시작한다.
자기야~나~잡아봐라~
하는 폼으로 뛰었잖아예.
그래도 관중이 있으니까 예쁘게 뛰어야지예.
아지매도 분위기 파악은 할 줄 알거던예…
막 운동장 반쯤 돌라카는데 한 놈이 내한테로 뛰오네예.
???
짜슥들 벌써 반했나?
반응이 빠르네.
역시 운동하는 아~덜이 쪼매 예민한 구석이 있긴 있나봐예…
요새 젊은 아그들 눈도 꽤 높아예… 헐레벌떡 선다.
"누님~"
잉! 이 무신 소리고…? 여기 카바레 아인데…

그래, 빨리 말해라…
뭐꼬…
그래, 내 뛰는 폼이 그래 쎅씨하더나…
빨리 말해라… 그래, 영계 좋치~ㅎㅎㅎ
아지매 영 맛이 갔네…
"저희들이 축구하는데…"
우째 쪼끔 방해가 된다 이기가…
니미럴… 좋다 말았네.
짜슥아, 내 일찍 시집 갔시믄 니 같은 아들이 있데이.

긴데 누님~이라꼬?

어무이라고 불러도 시원찮을끼다.

니 내하고 맞다이 놓고 누님이라카는데,

니 하루가 얼매나 무서운지 모르는 모양인데,

오뉴월 하루 땡 빛에 군대 빤추 60만개 마르는 것 니 아나?

이놈아~그래도 내 한 바퀴는 채우고 갈끼다…

꾹꾹 눌리가 한 바퀴 채우고 실그머니 나왔어예…

그래도 누님이라카는데…

ㅎㅎㅎ 아직 쪼매 씰모 있게 보였는 것 같네예.

그래가 철봉대로 갔지예.

그 가서 내 특기 통닭구이를 몇 번 했어예.

뭐? 통닭구이가 뭐시냐꼬?

이거 아무나 몬합니더. 아지매 특기지예. 백수 아지매만 할 수 있지예.

잘못하다가 널찌면 며칠 누버 있어야 하니께. 그래가 안 갈카줄 랍니더~

아… 근데 아까 그 짜슥들이 모두들 내 쪽을 보고

박수를 막 치네예~짝짝~

짜슥… 아지매 쫓아내는 방법도 가지가지데예.

한심테이. 아지매 있을 데는 방구석밖에 없네예.

아침에 상쾌하게 일어났어예.

어제 운동 좀 했다고 몸이 개운하더라구예…

아지매 아침에 제일 먼저 하는기
신문에 낑기가 오는 하루 운세 보는 거라예.
오늘은 남의 말을 들어라쬬 하네예.
그라믄 팍수넷 가가 기웃거리야겠네예.
음~

"사라~마지막 매수 기회다. 곧 상 들어간~다. 미수 풀빵 질러
라. 종가에 땡긴다~"
와 이리 어지럽지예.
그렇다고 아무 말이나 들을 수는 없잖아예.
잉~종목 게시판에 쎄라텍을 노랑머리가 산다카네예.
되게 무거운 것 뭐하러 사지예. 지가 많이 갖고 있제. 그라이 더
사가 팔아묵을라꼬 작전한다. 그라믄 좀 사볼까예.
+700이나 올라가 13,700원 샀어예…
근데 이기 힘도 없이 시부지기 상치뿌네…
잉~되는갑다. 될 때 확 땡기뿌자…
뭐 없나?
기웃기웃…
어~보안주 사라카네…
노랑머리가 또 퓨처도 땡긴다카네예.
기래… 오늘은 노랑머리 시키는 대로 해보자.
좋다… 12,400원 박았다. (?)
종가 12,500원, 100원 묵었네.
꺼~억 꺼~억

아지매 배 터진다.

빨랑 시장 가자…
맛있는 거 사가 와가
저녁에 남팬하고 한잔 쏘아야지에.
괜히 모르는 남정네 그려가
맴만 상하게 하고…
"짜기~아~"
"맛이 어때?"
"음… 좋아."
"짜기 또 아~"
뭐 보능교…
찔투하십니꺼…
ㅎㅎㅎ

추락하는 것은 날개가 없당…

아지매 이제 간땡이가 부어서 해결될 일이 아니고
간땡이가 완전히 배 밖에 나와야 될 것 같네예.
본래 몬땐 거 먼저 배운다꼬
주식 판때기 보면서 배운 거라꼰
아까븐 줄 모르고 손절하는 것밖에 모르니
이러다가 허구헌날 짜르기만 하다가
아지매 남팬 꼬치까지 손절하는 거 아닌가 모르겠네예.

주식 판때기 이러니
아지매 이제 살찍이 맛이 갈라카는지
옛날 생각이 와 이래 많이 나지예…
사춘기는 아닌 것 같고 그라믄 갱년긴가?
마 이유 없이 그때가 그립네예.

아지매가 국가에서 인정하고 처음 남정네를 만난 게
아마도 대학교 들어가 첫미팅이라예.
자랑이 아니고 아지매 댕깄는 핵교 갈라카믄
공부 쪼매 해야 갈 수 있어예.
ㅎㅎㅎ 태클 걸지 마이소예.
아지매 촌에서 공부 열씸히 했거덩예.
오로지 책을 남정네 삼아 공부했어예. 하하하

아지매는 사실 남정네들은 똥도 안 누고
오줌도 어째 누는지 모르고
이슬만 묵고 신선과 같이 사는 줄 알았어예.
우리 아부지가 억쑤로 무써버서
남정네라꼬는 아부지하고 오빠야만 보고 살았어예.
그랬는데 아지매 댕긴 핵교가 5월에 축제가 있더라고예.
아지매는 축제가 뭔지도 아무것도 모르고
그때도 오로지 아부지가 시키는 대로 공부만 하고 있었어예.

그런데 그러던 어느 날!
4학년 선배 언니가 아지매를 부르면서
"너 참 예쁘게 생겼구나. 너보다 더 예쁜 애들 3명만 데리고
와."
카는데 욕인지 칭찬인지 분간할 틈도 없이
와~세상에 이런 일이 카면서
아지매 그날 밤을 거의 뜬 눈으로 킹카 잡는 연습을 했지예.

킹카 잡는 연습이 뭐냐꼬예.

아지매 때는 파트너를 정할 때 남정네가 지닌 소지품을 한 개씩 내면 그 중에 맘에 드는 걸 골라서 남정네가 정해지는 아주 촌발 날리는 게임이지예.

그런데 그 게임이 엄청 신중해야되예.

잘못 잡아 씹다 버린 껌 같은 게 앵기면 골 때리잖아예.

그라고 낸 소지품하고 앞에 앉은 남정네 심리까정 파악해야 하니께.

고도의 수준 있는 경기였지예.

다음날 아지매

첫미팅이라 때빼고 광내고 엄청 신갱 써가 갔어예.

도대체 킹카는 어떤 얼굴일까?

키는 180… 짙은 눈썹에 눈은 맑은 호수…

코는 주먹만 해서 뭔가 암시하고

두터운 입술 꼬리는 남정네임을 더 풍기고

터래기가 북실북실한 앵기고 싶은 넓은 가슴…

상상의 나래는 끝이 없었어예…

그런데 문을 열고 들어선 순간

어찌된 게 하나같이 퇴출 일보 직전에 있는 아덜 있잖아예.

광덕이… 신광이… 대림이… 남한이…

이런 아덜만 한 빼까리 와 있는 거 있지예.

(2탄은 다음 편에)

아직도 사랑은 끝나지 않았다

음봉이면 어떠하고 양봉이면 어떠하리
어차피들 내려올것 대롱대롱 달지말고
화끈하고 시원하게 얼마든지 밀어봐라.

이미 대세는 한쪽으로 손을 들었네예.
알면서도 따라붙는 어리석은 아지매이라예.

마 그건 그렇고, 아지매 하던 이야기나 계속할까예.
생활 속에서 엔돌핀이 가장 많이 나오는 게 사랑이라예.
오늘같이 우울한 날 사랑 이야기나 하면서 달래봐야지예.

그때 문을 연 순간
퇴출 일보 직전의 아덜만 왔다고 했지예.
들어가 사연을 들어보니

군바리 3년 복학 4년

도대체 아지매하고 차이는 할아버지뻘이나 되잖아예.

휴, 옷이라고는 군바리 생활하다가 제대할 때

국방부에서 선물받은 얄구진 얼룩덜룩한 잠바에다가

쪼글쪼글한 가방하며 칠성 시장에서 샀는지 촌발 날리는 신발하며…

아 그런데 왠지 모르게 눈빛이 밥만 축내는 눈이 아니라 예사롭지 않았어예.

순간 아지매 정신이 번쩍 들었어예.

잡혀 먹히면 안 된다. 정신 차려야 된데이…

그러자 그 남정네는 그 예사롭지 않은 눈으로 아지매를 보면서 질문이 쏟아졌어예.

아지매는 어디에 끌려와가 조사받는 줄 알았어예.

"집은 어디십니까? 가족은… 뭘 좋아하나요? 학교 생활은…"

그 남정네는 끝없이 물었어예.

차라리

"앞으로 장세는 얼마나 꼴박겠습니까? 주도주는 뭐라 생각하십니까. 주시기에서 살아 남는 비결은 뭡니까?"

이런 걸 물었으면 아지매 아주 착실하게 대답했을긴데 말이라예.

그 남정네는 너무나 순진무구한 샌님과였어예.

이바구를 하면서도 아지매 얼굴을 제대로 쳐다보지도 못하고예.

그 남정네는 앞산 공원을 한참 오르락내리락할 때까정

뭐가 그리 아지매가 궁금한지 끝없이끝없이 물었어예.

아지매 순간 대답만 하지 말고 나도 한번 물어보자 생각했어예.

그래가 그 남정네에게

"한 가지 물어봐도 되겠어예?"

라고 물었어예.

그러자 그 남정네는 부끄러워하면서

"네, 물어보세요."

하는 거라예. 그래서 아지매도 그 남정네에게 똑같은 질문을 했어예.

"저, 뭘 좋아하셔예?"

그러자 그 샌님 같은 남정네가 어디서 그런 용기가 났는지 큰 소리로 생각치도 않았는데

청천벽력 같은 말을 했어예.

"아지매를 좋아합니다."

… … …

… …

…

(3탄은 이어집니다.)

Beautiful Single

오늘은 기분 좋겠어예…
그나마 반등했네예…
아지매 이야기 계속할께예.

그 남정네와 앞산 공원을 거닐 때
아지매가 뭘 좋아하냐고 물었잖아예.
그럴 때 스스럼없이 아지매가 좋다고 해서
아지매 못 묵는 떡이라도 이게 웬 떡이냐꼬
마음 속에서 상종가를 쳤어예.
아! 드디어 아지매에게도 봄날은 오고
꿈이라면 깨지 말고
허벅지도 꼬집어보고 혼자서 방방을 탔어예.
그런데 기쁨도 잠시~
아지매의 황홀한 표정을 살피더니 그 남정네가 한다는 말이

"아지매, 아까 좋아한다고 한 말 농담입니다."

이라는 거 있지예.

아지매 순식간에 똥 씹은 표정에 하종 한 방 맞은 얼굴이었어예.

짜슥!

군대 가서 나라는 안 지키고 농담 따먹기만 했냐!

나이값 좀 해라.

오뉴월 하루 땡볕에 군대 빤쭈 60만개가 마른다는데

니 나이가 아깝다 임마.

속으로 아지매 궁시렁거렸지예…

그런데 그 이후 웬수는 외나무 다리에서 만난다고

그 남정네하고 아지매는 핵교 안에서도, 끝과 끝인 건물에서 공부하는데도…

전혀 만날 일이 없는데도

와 그리 자주 부딪힐까예.

도서관에 놀러 가도 만나고… 학생회관에 장구치러 가도 만나고

일청담에 목욕하러 가도 만나고…

운동장에 가도 만나고, 밥 먹으러 가도 만나고…

그래서 아지매… 저 남정네가 분명히

우연을 가장하고 아지매를 따라댕겼다고 생각했어예.

그래가 아지매 당당하게 가서 그 남정에게

왜 자꾸 아지매만 쫄쫄 따라다니냐고 했어예.

우째 그리 아지매가 가는 데는 귀신같이 아느냐고 막 따졌어예.
그랬더니 그 남정네가 한다는 말이
"아지매가 학교 안팎을 설치고 안 다니는 데가 없으니
안 만나고 싶어도 안 만날 수가 없지 않습니까?"
아지매… 떵~
그렇게 아지매의 화려한 싱글은 시작됐어예~

behind story…
어제 아지매 글…
'아직도 사랑은 끝나지 않았다'
쫀쫀한 우리 남팬이 보고 술 이빠이 먹었데예.
여보봉… 골통 마누라 데불꼬 산다고 고생 많아예.
CF광고에서 그라데예.
"저는 세상에서 밥이 젤 맛있어예~찰찰찰 가마~♪"
하던데
지는예… 남팬이 젤 맛있어예…
남팬 비유 맞추기가 힘드네예… ㅎㅎㅎ

이것으로 아지매 사랑 이바구는 끝이라예.
더 길게 하다가는 남팬한테 아지매 짤리겠어예.
~ㅎㅎㅎ

인생은 짧고 굵게

며칠 동안 제정신이 아니었어예.
밥 묵고 묵으라는 약을 네 번 묵었다고.
약 네 번 먹는 빙신이 어딨지예?
아지매도 참 밥이 아야 소리 안 하는 게 다행인 줄 알어라.

아~참, 새롬 어째 됐냐고요?
다음날 벌걸 때 정신 못 차리고
우째 갖다 버렸는지 모르게 버렸지예.
약 오르지롱~
오를 것 없씸미더. 얼매나 묵었다고…
그라고 내 쪼매난 집 한 채 날린 여편네라예…
쪼매 묵었을 때 모린 척하이~소.

띠리링~띠리링~

“여뽀세요?”
“내~다.”
“예~에.”
“내 오늘 못 들어간다.”
“와 애인 생겼어예?”
“농덤할 때 아이다.”
“그라믄~예?”
“김정지씨가…”
“와 우짜됐나요?”
“그래… 그래가 내 지금 영안실에 가봐야 한다.”
“…”

눈물 찔끔 콧물 찔끔 … 앙앙~우앙~
증말로 실펐어예.
남팬하고 동갑이고 (참고로 남편 나이… 중간 황소띠)
대학 동기고 입사 동기였는기라예…
그래서 남팬하고 억우야꼬 친했는데
긴데 4년 전에 폐암 수술을 받았어예.
그때 모두 안 된다고 했는데
기적적으로 살아났어예.
근데… 다시 재발해서 며칠 전 병원에 있다카더마는…
우야꼬… 아그들도 아직 어린데…

님들~요, 내 지금 눈물이 앞을 가려가 더 못 쓰겠으니…

우짰던지… 주식할 때 열받는다고 담배 많이 피우지 마이소예.
아침에 하일성이 와 그 야구 중계하는 분 있잖아예.
아침 마당에 단골로 나오는 사람 말입니더.
그분도 담배 많이 피우지 마라카더예.
자신도 죽다 살아났다꼬…

개미의 한

이밤들이 지나가면 내일또한 오련마는
깊이빠진 음봉들이 밤새도록 잠설치고
하루종일 종목찾아 이리기웃 저리기웃
돌아온건 한숨만이 내일장을 기다리고

아침해가 뜬다지만 아직까지 어둠속에
한도없이 끝도없이 나올줄을 모르는데
어리석은 개미들이 내일또한 달려들면
옳다구나 기회구나 물량세례 퍼붓겠지

쌈지속에 숨겨두고 장롱속에 숨겨둬도
어찌그리 잘아는지 속속들이 뺏어가도
언젠가는 기관놈도 언젠가는 외국놈도
만만한게 개미지만 당할날이 있으리라

내일은 해가 뜬다. 내일은 해가 뜬다.

아지매 넋두리였어예.

주식 탄가

주식이가 무엇인지 주식주자 몰랐을때
하던일이 즐거웠고 마음편히 살았었지
떡뚜꺼비 아들하고 곰탱구리 영감하고
옹기종기 오손도손 깨소금이 바로이맛

친구따라 강남갔다 그게바로 주식입문
처음에는 신기하고 이런세상 다있구나
힘이들게 살것없네 돈벌기가 너무쉽네
소뒷걸음 잡은행운 그게바로 늪인줄은

주식이와 함께한날 뜬눈으로 세계걱정
한경와우 시청 1위 팍수넷은 두말없고
북한핵에 가슴철렁 기름값에 가슴두근
알고보면 쇼한것을 아직까지 갈팡질팡

전쟁나면 나만죽나 핵뿌리면 나만죽나
이제와서 모든것을 깨달으니 늦었구나
정신차려 계산하니 안은빚만 억억이네
물려줄건 빚뿐이고 하늘보니 담담하다

밥그릇 치고 젓가락 때리고~♬

어제 오버나잇한… 쏠본 절마…

어젯밤부터 오늘까지 눈이 빠져라 째려봤어예…

쏠본 절마 어제… 4,670원부터… 4,690까지

간땡이 부은 아지매 풀로 잡는 바람에…

밤잠도 설쳤네예.

돈이 눈앞에 왔다갔다하는데 잠이 옵니꺼예…^^

새벽같이 일어나가… 텔레비 착 켰어예.

한경와우 채널 화면 끝에… 그 모퉁이에 붙어 있는

밤새 다우는 어째 됐고 나시닥은 어째 됐는지 그 나온다 아닙니
꺼…

아지매… 어려븐 그라프는 모르겠고

파란지 빨간지만 봐도 쉽게 알 수 있잖아예… ㅎㅎㅎ

보니 별 신통찮은 건 없고… 쪼매 내리가 있데예.

그래가… 아지매 다우 남정네가 아무리 정력이 좋아도

맨날 설 수야 없지 하고 생각했어예.

그란데… 우리 집 놈들은 한 끼도 안 먹으면 죽는다고 했지예.
우째된 게 돼지죽통을 줘도 잘 묵어예…
그래가 한 밥그릇 밀어주고… ㅎㅎㅎ
오늘의 행동지침을 외치고
빙님방으로 갔어예.

오늘은 팍수에서 무방을 하더라고예.
발 딛을 틈도 없이… 한 400분 이상 오셨데예…
와… 진짜… 빙님의 인기는 짱이었어예.
순간… 아지매… 아자씨한테 인기 많으면 뭐하노.
진주같이 이쁜 공주한테 인기가 있어야지…
여름 내내 조개 잡더만… 아즉도 못 잡았나…
하고 혼자 궁시렁거렸어예…^^

아이쿠… 이러고 있을 때가 아니지.
쏠본 절마 우예 되가노?
아침 동시호가 보니 시퍼렇게 해가 뭔 수작을 부릴 건지 꽁수를
두고 있더라구요…
아니나다를까… 한 대 맞고 시퍼렇게 해가 나오네예…
그래도 아지매 꿈쩍도 안했어예…
좋다… 그 동안 먹은 거 다 토해낸다는 마음으로 계속 째려봤어
예…

다른 분들은 벌써… 서식 들어가서 나팔 불고…

또 어떤 분들은 엘리베이터 탔다고 신나서 어쩔 줄 모르고…

아이쿠… 쪼다… 아지매 심장 상했지만 수익 나신 분들께 한잔 돌리고…

휴… 한숨 쉬고 나니

쏠본 절마… 짧게 저점을 계속 깨네예…

어짤까… 팔아삐까… 아니지… 반드시 반등 한 번 나올끼다…

봐라… 나 잡아 잡소 하고 발딱 누워서 기고 있다 아이가…

4,590원짜리 깔더라구요… 그래… 한 번 땡길어봐라…

어… 시부직이 움직이네예…

아… 그때 아지매 목이 터져라 응원했어예.

"쏘올본… 짝짝짝… 짝짝…"

그러니… 두 놈이 막 달려왔네예…

"어무이요… 뭔 일입니꺼? 저도 돕겠씸미더…~"

"그래… 빨리 응원해라… 쏘올…본… 짝짝짝…"

"예…"

하면서… 부엌에서 지 밥그릇하고 숟가락 들고 와가 치면서

세상에 이래 물 만난 날이 있는냥… 두 놈…

"쏘올본… 짝짝짝… 짝짝…~"

작은놈도 덩달아 책상에 젓가락치고 난리 아니라예…

맨날 조용히 하라고만 하다가 목소리 한 번 내보라 하니 이래 좋아하네예…

아예… 큰놈은 어무이요 공부 때려치우고 계속 남아 응원하겠 다고 하는 걸

뒤통수 한 대 갈기고 쫓았어예… ㅎㅎㅎ
아지매 혼자 말아묵은 것만 해도 밤잠을 못 자는데…
어디… 감히… ㅎㅎㅎ

일단 진정하고 컴터 보니…
우씨… 다시 처박고… 이번에는 4,550원에서 나자빠졌네예…
아까비… 손해 보더라도 4,600에 던질걸… 후회가 좀 되더라구요.
근데 순간 보니…
그림을 아주 예술품처럼 그리데예…
우아한 자태를 지닌 여인의 죽이는 곡선을 말이라예…
그래… 기다린 김에 쫌 더…
아… 근데 밥 먹고 힘이 생겼는지… 1시가 되니 막 달리네예…
치고박고 들어올리고 밀치고 난리라예…
잉~ 와 이라노 하고 보니…
아… 그때 약발이 먹히는 시간인 거 있지예…
그기다가 빙님의 ARS 추천에… 스피드 추천에… 불이 붙었더라구예.

아지매 욕심 없다…
결정내리고 4,660원부터 4,680원까지 살짝이 팔기 시작했어예.
낼… 10방 상한이 가더라도
아지매의 데이 정신을 지키고 싶었어예…
지금껏 본전하고 이렇게 기분 째지는 날은 없었어예~

감자탕은 자꾸 끓여야 맛이 나죠

빙님이 좋아하는 탁구(table tennis)란…
직사각형의 테이블 중앙에 네트를 치고 양편에서 공을 쳐 넘겨
득점을 겨루는 스포츠.
핑퐁 또는 테이블 테니스라고 함…
덧붙여 머리 좋은 빙님 같은 분이 할 수 있고
떨박한 아지매는 공 따라도 못 가는 운동…^^

오늘… 대회 직전 삭발까지 하면서 결전의 의지를 펼친 대한건
아 유승민이 금메달을 안겨주었지요.
세계 랭킹 3위 39세의 백전노장 스웨덴의 발트너를 4-1로 우승
할 때부터
이미 아지매는 저… 놈… 빨딱씸이 아닌데
노인 알기를 뭐같이 알구만 하고 알아봤지예…^^

드디어… 오늘 남자 단식에서 88년 서울올림픽 16년만에 유남규의 금메달 이후
처음 얻게 된 것이어서 더 감회가 새로운 것 같아예.
왕화오도 자신만의 기법… 라켓 양면을 구사하는 '이면타법'을 들고 나왔지만
유승민의 빠른 드라이브 앞에서는 찍도 못 썼어예…
하기사… 밥주걱 앞뒤로 잘 사용한다고 밥 잘하는 거 아니잖아예… ㅎㅎㅎ
어쨌던… 빙님도 좋아하고… 덩달아 우리 회원님들도 함께
우리 나라… 좋은 나라 노래 불러서 기분은 좋았어예…

아~
그건 그렇고… 오늘 매매를 말씀드려야지예…
사실… 아지매 오늘 억쑤로 늦잠 잤어예…
이유는 묻지 마이소예.
말 안 하니 더 궁금하다고예.
사실 우리 남팬하고 아지매하고 주말 부부라예.
아… 울 남팬이 이틀 동안 의무 방어전을 너무 충실히 이행하고 가는 바람에… ㅎㅎㅎ

히히히…
부끄럽네예… 아지매인데도예…
그래가… 아침에 속이 끌끌해서 뭐 국물 같은 게 먹고 싶었어예.

아… 아니나다를까 감자탕… 엘카… 나 잡아 잡소 하고 시퍼렁
게 해가 덩렁 자빠지네예.

근데… 쪼매 겁이 나데예.

그래가 좀 꼴아봤어예.

아지매 요즈음… 간이 쫄아가 반찬값이나 벌자 하고

13,000원 덥썩 잡았어예…

우째된 게 아지매가 잡으면 가내예.

더 가도 미련 없다… 14,000원 손 흔들고…

하품 몇 번 하고…

우리 집 두 놈들한테 기압 좀 넣고…

밥 묵고 나서 1시쯤 되니 또 설치네예…

이유 없다… 14,100원 가자… 이랴… 15,000원 잘 가라.

와… 아지매 이래 잘해도 됩니꺼.

근데… 간이 작아가 쪼매 들어간 거 있지예.

막 가슴 쳤어예.

빙신… 쪼다… 아지매 간도 배밖에 안 나와가 뭘 주식한다꼬…

그때… 빙님의 메시지… 벨코와 춤을…♪

그래… 좋다. 1,790원 싹쓸이… 하고 나서

빙님한테… 아지매가 다 처리할라꼬 엄청 보갯도에 넣었어예
하고 메시지 날렸어예.

그라니까… 빙님이 아지매 집구석 망할라꼬 작정했어예 이러는
거라예.

그래가 아지매… 시껍 묵고 1,840 막 털었어예.

아~뿔~싸…
근데… 1,915원 상한가에 가서 처박네예.
하하하…
할 말 없지예.

오늘의 교훈…
간탱이가 확실하게 부어야… 주시기에 성공한다…

빙님의 주시기란

오늘은 한 편의 시를 감상하이소예~

빙님의 주시기~

주시기가 무엇인지 해도해도 긴가민가
투매알고 수급알면 급등주는 따논당상
전설속의 그래프는 장롱속에 묻어두고
지지선과 저항선이 눈뜬봉사 면해주네

돌떵거리 주식안고 밤새도록 시껍말고
퍼떡퍼떡 날라다닌 주시기를 품에안고
단디단디 신경쓰면 억시리도 쉬운 것을
고집아집 욕심똥꼬 못버리니 돌아뿌죠

간땡이가 부었어예

이제 10뽀인뜨쯤은 까딱없어예.
30뽀인뜨도 견뎌내는 이 판국에 말이라예.
여름날 개 불알 (죄송함다) 처진 만큼
두 개 음봉 내랐는데도 까딱없어예.
개 불알보다 더 긴 말 불알이 처져도예.
테러나서 몇 명 죽었다카는 것도
눈 하나 까딱 안해예.
테러 아니라 정일이 오빠 야가
아지매 잡으러 와도 눈 하나 까딱 안해예.

어떤 님이 그카데예.
간땡이가 부어야만 주식 판때기 본다카더마는
아지매 간땡이만 부은 것 같아에~

비도 오고♪

주시기…
뭐 어려울꺼 없어예.
콜이 어쩌고 파생이 어쩌고 선물이 난리고
그래프가 꼬이고…
아무 관계 없어예.

돈 있는 노랑머리가 주구장창 사면 오르고
돈 없는 개미가 놀래가 다 던지면 턴하는 거고
뭐 우리 주시기 판때기 그런 거 아닙니꺼예.
하루 이틀 하는 것도 아니고예.
그라고 애날들 혀 짧은 소리카는 거 전부 구라라예.
아지매 돈 꼴고 얻은 교훈이니까 그러려니 담가두보이소예.

그런데 와 이래 비는 옵니꺼예.

아지매같이 성질 급한 사람 댕기기 불편쿠로.

진짜 누구 말처럼

부침개나 한 짝 붙이고 막걸리에 설탕 한 숟가락 넣어가 묵으면

알딸딸하니 좋컸어예.

그라고 영고니 총각이 음악 한 곡 때려주면 금상첨화겠어예~

청춘을 돌리도오고오.♪

젊음을 도오고오♪

캬아… 조오타…

우리 장엔 고수가 너무 많다

하늘도 하루 종일 울다가 그쳤다가
변덕쟁이 우리 주식 시장하고 너무 닮았네예.

주시기… 정말 알다가도 모르지예.
어느 분은 주시기를 종합 예술이라고 하더군요.
기름값… 테러… 그린스펀 할배 심기… 정일이 컨디션까지 알
아야 하니까요.
그래서 살아 있는 생물이라고도 하고요.
어디로 뛸지 모르잖아예.

요즘 같은 장에서 주식 들고 있으면서 수익 내기란
하늘의 별 한 움큼 따오는 거에 비유해도 될까예.
그러다 보니 주시기 쫌 한다 하는 분들은
전설 속의 차트라도 분차트… 수급… 에 따라 좌충우돌하고 있

는 것 같아예.

　지금… 우리 장에는 고수가 너무 많아예.

　그러다 보니 출렁거림에 수급 붙은 종목은 천당과 지옥을 오고 가지예.

　아지매도 부끄럽지만…

　살기 위한 방편으로 주시기를 합니다.

　사실… 주시기 함께 한 날은

　남팬과 잠자리에서도 정배열로 쏘라고 할 정도이지예.

　정배열… 정배열… 정배열이 뭔지 말이라예.

　왜… 이렇게 우리가 우리를 못 믿는 세상이 되었는지 안타까울 뿐이네예.

개미 간 빼묵기

와… 진짜 시장 어렵네예.
그리고 우리 시장에 고수가 넘 많다 보니
어느 구신이 잡아갈지 모르는 어리버리한 아지매…
정신 차리지 않으면 꼬랑내나는 빤쭈까지 뺏기겠어예.
그래서… 오늘만큼은 아지매 억쑤로 일찍 일어났어예…

어제… 빙님보다 더 화끈하게 돈 벌게 해주는 방 없나 싶어서
이곳 저곳 다녀봤어예…
근데… 이방 저방 댕겨봐도 내 서방이 최고라고…
역시~~… 뭐니뭐니해도 빙님이 대빵이라는 것을 깨달았어예.
히히히… 아부… 좀… 했어예.
아지매 좋아하는 노래 많이 틀어줘 가지고…
우헤헤헤… 물질에 약한 아지매입니더.
그래서… 인간사… give and take 라고 하잖아예… ㅎㅎㅎ

오늘도 빙님이 무방을 열어줬어예.

역시나 400분 정도 들어오셔서 빙님이 틀어준 음악에 맞춰

돌리고 찍고~땡기고 아침부터 난리났지예.

사람 사는 것 같았어예.

맨날… 방구석에 처박혀 인생 살폈는데… 마음 바꾸니 세상도
달라 보이네예…^^

아니나다를까… 많은 분들이 오시니 목소리도 다양했지예.

그중에 목소리 크신 분은 빙님한테 태클 걸고…

빙님… 또 열 잘 받잖아예… ㅎㅎㅎ

아마도 빙님이 순진해서 그렇다고 아지매는 봐지더라구요…^^

사실 한 입에 있는 혀도 물리기 마련인데…

님들 색깔 다 맞출려면 어려운 이야기 아닙니까?

근데 한 가지 분명한 것은 주시기… 그리 호락호락한 놈이 아니
라는 거지예.

구신도 모른다는 주시기가 애널이 신도 아닌데 어디로 튈지 어
찌 알겠어예…

단지 먼저 발견할 수 있고 좀더 많은 정보 갖고 있고… 또 실전
경험이 다양하고… 그런 것 아니겠어예…

그러니 틀릴 수 있다는 거지예…

그런데 그기다 대고 맞니… 안 맞니 따지면 더 어려워지지예…

단지 우리에게 support 역할을 해줄 뿐이지예…

우리가 살아가면서 자신이 행한 것들을 자신이 책임져야지 누
가 대신해 줄 수는 없잖아예…

사실 돈 꼴고 기분 좋은 사람 있으면 나오라고 해보이소…
그런 사람 있으면 아지매가 주패줄께예… ㅎㅎㅎ
아지매도 돈 꼴고 인생 억쑤로 실펐어예.
그래서 주시기에 대해 이가 갈리도록 노력했지만…
방구석에 혼자 처박혀 가지고는 어려웠다는 거지예.
주시기를 할려면… 사소한 것부터 시작해서…
고철 시세, 기름값, 그린스펀 심기, 심지어 정일 오빠 컨디션…
이런 거 다 알아야 하는데… 언제 다 알아내예.
그래서… 아지매 도우미로 찾은 분이 바로 빙그래님이었어예.

처음엔 주식 7년차인 아지매도 빙님 주는 종목 보고…
얼라 장난하나 했어예.
그런데… 그기에 바로 돈 버는 기술이 있더라구예…
그 기술은 자신도 같이 주시기와 부딪쳐 보면서 깨달아야 한다
는 거였어예.
빙님과 함께 호흡이 맞춰지고 난 뒤는 그리 큰 실수는 없었지
예.
이제는 오늘 못 묵어도 내일 고를 외칠 만큼 여유도 생겼어예.
자본주의 시장에서 영원히 주시기꽃은 피니까요~

님들~ 동 트기 전이 가장 어둡다고
지금이 바로 기회가 아닌가 보여지네예…
힘드시더라도 힘내시고 다들 성공 투자 하시길 바랄께예…

양파가 없습니다~양파

아침 8시 빙님방에 갔더니 아지매 18번 서울의 밤~이 흐르데예.

아지매도~ 그 님의 손을 잡고 행복에 젖어 거닐던 거리~♬…

돼지 목 한번 따보고요… ㅎㅎㅎ

그때… 빙님 사무실 밖에서 들려오는 소리

"양파가 왔습니다~양파."

와~ 빙님 마이크 성능 죽이데예.

부산에서 서울까지 생생하게 들리네예… 세상 많이 좋아졌어예^^

그런데… 양파 팔려고 아침 일찍 나오신 분 생각하니 웬지 맘이 blue하데요.

아지매 그기 있었으면 한 차 다 사주고 싶었는데…

아지매 어제 빙님의 오후 스피드 종목 엘카…

감자탕은 끓이면 끓일수록 국물이 시원하다고 아지매 또 한 번 끓이소.

하고 빙님이 지시했지예.

그래서 여지없이 꼬오옥 품고 밤새도록 끓였지예.

아침 동시호가 보니 나 세력인 거 알지 하면서 넣었다 뺐다 쇼하데예…

그래가 아지매 그래 오냐 걱정 마, 아지매 꼬오옥 붙들고 있을께!

그때 빙님

"15,000원 앉는 거 보고 결정하이소."

미련 없다… 아지매 15,000원… 다 때리고 오늘 매매 끝냈지예.

우헤헤~

이 돈 다 어디에 쓸꼬 하는데 어디서 들려오는 소리

"아이쿠 축구 아지매 노적볏까리 불질러 놓고 몇 개 막상 주워 먹고 좋아하기는…"

아 맞다…

꼴았는 게 얼만데 이것 가지고 촐랑대기는~

자중~

근데 엉덩이가 들썩거려 주시기 판때기가 안 봐지네예.

그래가 두 놈 불렀어예…

"너거 방학 동안 묵고 논다고 고생했다. 묵고 싶은 거 다 말해라."

그러니 큰놈 왈

"어무이요, 오늘은 날씨도 맑은데 신경통은 아닌 것 같고 벌써 노망 옵니꺼!"

짜슥~

어젯저녁 학원 갔다 오는데 앞에 헛것이 보이더라네예.

피자가 날라다니고 닭고기가 지보고 손짓하고…

아지매 한때 잘 나갈 때는 이놈들 라면이 뭔지 몰라 젤 묵고 싶은 음식이었는데

아지매 형편 이 꼴 되고부터는 맨날 라면만 먹여놨더니

큰놈 말로 지가 부은 살이 전부 라면 먹고 부은 거라네예.

우리 큰놈이 지 애비 닮아가

초딩 6인데 176cm… 76kg 몸짱이거던예…

그래 좋다. 오늘은 풀로 쏜다~가자…

우리 동네 가까이 조그만 물 웅덩이 백운 호수가 있어예.

여기는 아지매가 기쁠 때나 실플 때나 자주 찾아가지예.

돈 꼴고 여기 와서 실프게 울기도 많이 했던 곳이라 정이 많이 가예.

근데 그기는 ks 아재미보다 야시꾸리한 avec족이 더 어울리는 곳이지예.

그래도 아지매 당당하게 벌건 대낮에 벌떼 두 놈 데불꼬 갔어예.

와~묵고 살기 어렵다 해도 아지매가 찾는 전망 좋은 자리는

모다 얄구진 끼리끼리족들이 앉아서 좋아 죽데예~

본래 아지매 겐세이(gensei…?)가 전공이잖아예… ㅎㅎㅎ

그래서 가운데 턱 두 놈 데리고 앉았지예.

옆에 앉은 끼리끼리족들은 아지매보고 살찍이 얼굴 돌리데예.

아마도 켕기는 게 있는 것 같았어예. ㅎㅎㅎ

괴기~

얼마만에 먹어봅니꺼?

입에 살살 녹네예…

큰놈은 아예 씹지도 않는 것 같아예. 넣으면 그대로 꿀꺽인 것 있지예.

그래가 아지매도 큰놈한테 한 점이라도 뺏길까봐 막 먹었어예.

작은놈 속도도 엄청 빠르데예… ㅎㅎㅎ

다 묵고 사는 생존경쟁은 치열했어예.

그리고 본전 확실하게 빼야지예~

Refill 되는 빵을 자꾸 달라 했지예.

그랬더니 웨이터가

"괴기 드시면 다 못 드시니까 드셔보고 주문하이소."

"걱정 말고 가져오이소… 공짜는 자다가도 먹씸미더."

ㅎㅎㅎ

~~~

~히히히 잘 먹고 나왔어예.

우리 나가니까 그기 있는 얄구진 끼리끼리족이 젤 먼저 손 흔들어 주네예… ㅎㅎㅎ

배 부르니 그 좋아하는 주시기 판때기도 잊어버렸어예.

빨리 가야 하는데…
~~~

그때… 빙님이 아지매 뭐합니꺼, 삼양 안 잡고~
메시지 날라왔어예… 아차… 싶어서 동백 언니한테 전화했어예.
"언니, 지금 우째 되는데예…"
"걱정 말고 재미있게 놀다 와… 놀 때는 확실하게 놀아야지…"
"고마워요, 언니예…"
휴~ 안심이 되데예…
그러자 두 놈들이 아예 보트까지 한 번 타보자고 하네예.
그래가… 타보자~
저어라… 노를~
보트 위에서 큰놈하고 청춘을 돌리도고… 목이 터져라 막 불렀
어예~
엄청 신났어예.
아… 빨리 가야지.

백운 호수길을 막 돌아오는데 한 차 가득 실은 트럭이
"양파가 왔습니다~양파…"
아지매 차를 세우고 아저씨한테
"아저씨 뒷 트렁크에 풀로 양파 채워주이소."
아지매 풀… 좋아하거덩예… ㅎㅎㅎ
아저씨 신이 나서 꽉 채우네예…
다 채워도 괴기 한 그릇 값도 안 되네예~
아저씨… 왈
"아주매요, 뭐할라꼬 양파를 이래 많이 삽니까?"
"누가 그라는데 양파가 정력에 최고라고 하데예~"

그러니까 아저씨가
"그거 아지매 확실합니꺼?"
억쑤로 귀가 솔깃한가봐예… ㅎㅎㅎ
그래가
"아직 안 먹여 봐서 모르고예, 지금부터 먹여 볼라꼬예…"
히히히…
아저씨 엄청 좋아하데예.

사실 울 남팬 나이가 들어가니까 정력에 좋은 거라면 뭐든지 잘
먹거던예…
그래가 이번 주말에
양파가 정력에 쥑인다고 하면 저것 다 해치울 수 있어예~
히히히
주말에 오면 양파만 줘야지~

9시 뉴스를 보고

오랜만에 아지매 남팬하고 손잡고
9시 뉴스를 봤어예…
저는 뉴스 보면 전부 내 얘기만 해서 간 쪼려서 못 봤거던예.
그런데… 아니나다를까 오늘도 예외는 아니었어예.

첫번째 얘기가…
기름값 지금 44달러인데 앞으로 60달러까지 가면
묵고 살 거 없어서 죽을지도 모른다.
그러니… 절약해야 합니다…
그 얘기 끝나고 나니까
금리 올 연말까지 안 올릴 테니 걱정 말아라 하는데도
빚만 한 움큼 안고 사는 아지매한테 협박으로 들리네예…
그러잖아도 앉으나 서나… 빚 걱정에 말이 아닌데 말이라예…
그러더니… 또 카지노판에 39억 날린 도박사 얘기하는데…

도저히 심장이 멈출 것 같았어예.

아지매도 주시기 도박… 많이 말아먹었잖아예.

그래서 실그머니 일어설려고 하는데…

아지매하고 똑같이 노는 사람이 나오는 거 있지예…

경주에서 축구대회 하는데…

연습장이 모자라서 왕릉 주위 잔디밭에 꼴대 세워 놓고 뽈 차는

연습 하데예…

아지매도 꼭

"잔디가 아파해요. 보기만 하세요."

라고 펫말 붙은 안에 들어가서 사진 찍고 그라거덩예…

휴~비로소 오늘에야 깨달았는데…

아지매가 완전히 뉴스감인 걸 보니

확실한 꼴탕 아지매가 맞는 것 같네예…

어젯밤 이바구…

이 넘의 주식 판때기 안 보고 사는 게 아지매의 원인데
무신 넘의 더러븐 팔자인지
이 연을 못 끊는 건 내 전생에 뭔 죄가 많아서 그럴까예.

낮에 장 끝나면 솥뚜껑 닫으면 되지
밤 늦도록 나시닥 숭녕이 잘 끓는지 맴 졸여야 되고…
하지만 다 묵고 살자고 하는 일이니까 우짜겠어예…
죽을 때까정 이카고 살 것 같아 쪼매 실프네예.

아… 그런데예
컴터 오래 보면 남정네만 정력 빠지는 게 아니고
아지매들도
장동건 오빠 야가 와도 구찬코
유오성 아재가 와서 치대도 구찮씸미더.

근데 우리 집 영감탱구가 뭔 회춘을 하는지
어데서 얄구진 거 하나 봤는지 폼 한번 근사하게 잡데예.
그래도 남자 꼭다리라꼬…
히히히 어찌나 삘삘대는지 혹여 순직할까 고만 하라캤어예.
순직이 뭐냐꼬예.
남들이 그카데예.
밖에서 죽으면 객사고
나이 안 맞게 젊은 거하고 고카다 숨 멎으면 복상사고
마누라한테 그카다 살포시 눈 감으면 순직이라카데예~

송용썼다

잡주는 애마… 삼송은 적토마~

어제 아지매 잡주 사놓고 얼마나 간 쪼렸는지 몰라예.

그기다 장 끝나고 구라친 100개 종목 가만 안 둔다고

금감원 아재들이 한 말씀 하신 것까지 보태면

그야말로 간이 콩알만 했지예.

참… 아지매도 장사 하루 이틀 하는 것도 아니고 많이 약해졌네

예.

근데… 만약 잘못하다가 하방 몇 개면 그대로 골로 가는데예.

우짰던지 잡주는 철칙같이 죄송한 말이지만

하루 데리고 노는 숏타임이지

더 욕심내다가는 한 방 부르스로 끝날 것 같아 데리고 살기에는

허영 같네예.

휴… 다행히 아침에 받을라고 깔아놓고 앉아 있는 양반한테 줘

버렸어예.
　그래도 아지매한테 써비스 잘하고 갔어예…

　아~근데 아침부터 삼숑 절마 서지도 않는 꼬추를 세울라꼬
　얼마나 용을 써는지
　아지매 애처로와서 쪼매 도와줬어예.
　그래도 오늘은 조루가 아니고 끝까지 꼿꼿하게 섰네예.
　그래가… 일마야… 오늘 하루 데불꼬 잘라꼬예.
　일마는 행여 실수하더라고 짤리지는 않잖아예.
　오늘 밤 아지매가 써비스 잘해 줘야겠네예… ㅎㅎㅎ
　그라믄 혹시 알아예…
　힘 좋을 땐 지 혼자 독불장군 될 때도 많았는데~
　내일이 기대되네예.

하늘 한번 보고요

오늘은 지난날을 반성하고 싶습니다.

사실… 저의 집에는 빗이 없습니다. 그렇다고 머리카락이 없는
건 아닌데…
모두 손이 빗 역할을 하지요.
아지매가 그만큼 칠칠맞아예…
이런 나를 엄마로 아내로 여겨주는 가족이 고마울 따름입니다.

그런데 거울이 있다는 거 믿어지겠습니까?
거울은 어쩔 수 없이 있어야 할 곳에 있으니까 있는 겁니다.
그래서… 거울 한 번 봤습니다.
지난날 아지매 모습은 오고간 데 없고
온 얼굴 가득 주시기꽃이 만발해 있더군요.
한쪽엔 우랑주꽃

또 한쪽 뺨엔 잡주꽃
아래턱 쪽엔 테마주꽃
…
그런데 꽃들이 어우러져 있는데도
하나도 예뻐 보이지 않습니다.
오히려 썩은 냄새가 나는 것 같네예…

참… 슬픕니다.
지난날 초롱초롱했던 그 모습이 너무 그립습니다.
하지만… 오늘을 결코 후회하지 않을 겁니다.
비록 나를 속이더라도 말입니다.
님들…
오늘 밤은 하늘 한 번 보고 자야겠습니다.

밥은 꼭 챙겨 먹자

먹는 게 남는 거다라는 신조로 살아가는 게 낙인데…
오늘은 세 끼를 한 판만에 해치워서 앞으로 남은 두 끼를 자기
전까지 채워야 하는데…
지금은 배가 만땅이라 아무 생각이 없는데
두 끼… 아까워서 어떻게 하지예… ㅎㅎㅎ
뭘 대단한 걸 한다고 아침 점심도 굶어가면서
이 난리를 하는지 모르겠네예.

이미… 정석 투자는 먼 옛날 호랑이 담배 피던 이바구가 되었으
니
살아 남자니… 밥 먹을 시간도 없네예.
행여… 꼬꾸라질까봐 눈을 못 떼고
손가락 자판 위에 두고 철통 방어해야 하니까예…

오늘은 날씨 덥다고 여름 수혜주가 난리였지예.

허~참…

대장 다 죽고

멀잖아 관 속에 들어갈 센추리가 대장이네예…

그 뒤를 따라 신일이… 위닉스 비실비실하면서 더위 먹고 따라 가는 폼하고는…

우리 시장… 참… 애처롭습니다.

계속 테마로 돌림빵하고 있으니… 경제가 회생될까예.

날도 더운데 자꾸 어려운 것만 풀라고 하면 더 땀나니까

그냥 되는 대로 살아가야 하는 게 정답 맞아예?

그럼 내일은 또 어떤 구라로 이 장을 연출할지 기대가 되네예…

방학이 아지매… 죽인다

우리 나라 좋은 나라 된 것 같네예.
주… 5일만 일해도 되고
빨간 날은 오히려 일하기가 민망하게 해놓고
여름에는 덥다고 쉬게 해주고…
더구나 요즈음 핵교 다니는 아그들은
핵교 가기 싫으면 마음대로 가정 학습하고
그것도 모자라서 방학은 우째 이리 긴가예?

본래 백수가 돈들 일은 더 많고 갈 곳은 더 많듯이
우리 집… 두 놈도 놀면서 먹기는 와 그리 먹는지…
하루 종일 풀스 게임… 컴 게임… 묵고 놀자판이네예.
책은 담 쌓아놓고예…
아지매… 도저히 오늘 열받아서
이… 두 놈 기압 좀 넣어놨어예.

주시기도 안 되는데 맷집 좋은 큰놈하고 작은놈한테 스트레스 많이 풀었어예. ㅎㅎㅎ

그 동안 몸이 건질건질했는데 몸 좀 풀고 나니 좀 개운하네예…^^

엄마 맞느냐고예?

그러게 말입니더.

아지매가 이놈들 부를 때…

“야~”

하면…

우리 두 놈들 대답이

“예… 형님.”

이라네예…

더운 날… 아지매 이렇게 살아예!!!

떡 같애~… Shit

바른 생활 아지매 될려고 발버둥쳤는데
도저히 안 돼서 욕 한번 했어예…
님들께는 죄송하지만요…

오늘… 주시기 끝내 주네예.
속임수도 한두번이지…
속는 아지매가 등신인 거겠죠.
오늘은… 개인적으로 맘이 우울하네예.
아무리 계산적인 각박한 세상에 살고 있어도
너무… 내 이익만 챙긴 것 같아 맘이 아픕니더.
그래서… 지난날을 돌아보며
주시기만 아니어도 이런 내 모습이 아니었을 텐데…
너무 내 자신이 미워지네예…

그래서 하소연할 데라고는 철부지 두 놈밖에 없어서

두 놈을 앉혀 놓고 물어봤어예.

엄마는 주시기 때문에… 인간적으로나 여러 가지 것들로 너무
망가지고 있다…

너희들은 주시기를 뭐라고 생각하냐고 물었지예…

그랬더니… 큰놈이

"예~어무이요… 비즈니스입니더예."

그라네예… 그러니 작은놈도 보란 듯이

"계란을 한 바구니에 담지 마라… 입니더예."

참… 서당개 3년이면 풍월을 읊는다고 잘 배운 것 같네예…

그래서 또 물어봤어예…

주시기하고 계속 놀다가는 본성을 잃어버릴 것 같은데…

이… 주시기와의 인연은 어떻게 해야 되겠노… 했더니…

작은놈은 눈만 멀뚱멀뚱하고 큰놈은 한참을 생각하더니 이렇게
말하네예…

"어무이요… 13년 인생에서 이렇게 어려운 질문은 처음입니더
예"

… …

…

하기사… 머리 팽팽 잘 도는 13년 인생도 모르는 걸

밥만 축내는 아지매가 안다는 건 기네스북에 오를 일이겠지예.

배가 터진 날도 있네요

제가 빙그레님을 선택한 건
빙님의 매매 스타일이 좋았어요.
화끈하게 먹으면 먹고
확실하게 줄 때는 주고…
그래서 이렇게 깡통이 된지는 모르겠지만
후회는 없어예…

맨날… 꼴았는 금액 나누기 거래일수
그래서 얼마를 벌어야 한다고 꼼지락 계산…
마음은 급할 수밖에 없었죠.
그러니… 당연히 돈 내고 정보 하나 못 받을까 보채기 일쑤였
고…
그런데… 어느 날
이왕 할 거면 장비비는 아끼지 말자는 결론에 도달했어요.

빙님의 모든 방송을 다 들어보자고…

라이브도 들으면서… 스피드 추천주도 듣자고…

신청을 하고 난 뒤… 마음이 한결 가벼워지더라구요.

어제 아침… 한국금속을 보세요.

아니나다를까… 아침 라이브에서도 한국금속을…

그래… 바로 이놈이구나…

5,700원에 턱석… 그런데 시들시들하더군요.

빙님도 약간 언지를 주고…

미련없이 다 버리고 나와서 다시 때를 기다렸죠.

아니나다를까… 1시 30분쯤…

한성기업을 사수하라는 특명…

옳다구나… 그런데 상황으로 봐서 지수를 땡기고 있으니

수산주를… 의심은 하면서도 앞선 걸음이겠구나…

미리 낼 조정을 염두하고 두는 포석이구나…

아지매 간땡이 부은 것 아시죠…

4,470부터 4,500까지 현금 풀로 잡았지요…

2시 라이브 방송에서… 계속 한성이를 사랑한다는 애기만 반복…

그래… 무주식 상팔자… 지론을 오늘은 깬다…

오늘 밤 한성이하고 하룻밤을 보내자… 라고 결심했죠.

드디어 깔끔한 4,600원 종가 관리를 하고 마무리…

일단 지금 팔아도 수익은 꽤나 되는데… 어쩔까를 고민했지요.

아지매… 칼을 뽑았으면 무우라도 자르자는 심정으로… 뚜껑

닫고 내일을 기약했지요.
　밤새 다우도 나스닥도 한성이를 위해 꼬꾸라지고
　때마침… 베트남에서 조류독감… 3명 사망까지
　한성이를 위한 씨나리오가 만들어지더군요.

　드디어 아침 동시호가 상한가…
　뻥카라도 기분은 만땅이었어요…

　빙님 매도 싸인 나오기도 전에
　5,100원부터… 5,050원 사이 털기 시작했죠…
　그리고 열어본 아지매의 계좌는 배가 터져 있었습니다…

　그리고 삼립… 2천주 적은 물량이지만
　빙님의 아침… 라이브를 들으며 5,400원 매수한 놈
　주말에 잘 데불꼬 잘렵니다…

아지매는 신이고 싶어요

아지매… 요즈음 방송 들으면서 주시기합니다.

너무 어려워서 도저히 아지매 힘으로는 불가해서

그래도… 아지매보다는 나을 거라는 생각에 33냥 투자했습니다.

님들께서 언짢으면 마구 돌 던지세요.

기꺼이 맞지요…

허나 얼마나 살고 싶었으면 그랬을까를 생각해 주면 아지매가
이해될까예?

아지매가 듣는 그 애널님은 적도 많고 팬도 많더군요.

갱상도 싸나이이라서 그런지 화끈하게 진행하지예.

살짝 빠져나갈 자리 두고 종목 얘기하지만

잘만 하면 수익은 괜찮은 것 같아예.

근데… 그 님은 항상 이걸 강조하더군요.

그래프는 전설 속의 이야기다.

수급이 뭔지, 투매가 뭔지, 급등주가 뭔지만 알아도
주시기한테 당당할 수 있다고 하더군요.
정말 이런 하락장에서 무엇보다 중요한 게 수급인 것 같아예.
붙어줘야 오르락내리락을 하지예…
수급이 붙은 종목은 이런 악장에도 대부분 빨간 불 켜고 있는
것 보면 대단하지예.

사실 주시기하시는 분들 똥 굵어예.
근데… 하다하다 안 될 때는
전업투자자라면 애널에게 투자해서 해보는 게 나을 것 같다는
생각이 드네예.
무지한 아지매도 눈이 뜨이는데 말이라예.
아지매… 돈 받고 광고하는 거 아니라예… 오해하기 없기입니
더.
단지 아지매가 경험해 보고 한 소리입니더.
부디… 끝까지 살아남길 빕니더.
아지매도
"Dream for Ten Billion!"
그날까지 살아 남을 겁니더…

예 언 가

아지매 아즉 살아 있어예.
거덜 다 나고 이제 빤쭈밖에 팔 게 없어예… ㅎㅎㅎ

우째 님들은 잘 적응하셨어예…
남의 보겟도에 있는 돈 뺏어먹기가 쉽지가 않지예…
아무리 허가 내준 노름판이라카지만
우째 이빨에 꼬치가루 낀 기분이라예…
돈 꼴고 기분 안 더러우면 인간 아니지예…

그건 그렇고 요즘 경제도 어렵고
그라고 정치가 뭔지도 모리지만 이려운 것 같고…
다들 힘드시지예…
그러다 보니 전쟁이 어쩌구 테러가 어쩌구…
보복이 어쩌구… 난리 아니라예…

조선 헌종 때 송하라는 노인이 1910년부터 그 이후 120년간을 예언한 송하비결이라는 책을 봤어예.

그기에 앞으로 우리의 암울한 국운을 년도별로 설명해 놓았데예…

아지매 솔깃해서 봤더만… 전혀 가능성이 없는 애기가 아니고 짜맞추면 가능도 한 애기 같더라고예.

근데… 사실 이슬람 경전에 보면

인류에 보낸 예언자가 총 12만4천명이라고 쓰여 있지예.

그중 아담 노아 아브라함 모세 예수 무함마드 등 6명만이 경전을 가진 예언자로 지목했지만…

모든 예언자들이 미래만 점쳤지 방향은 정해 주지를 못했잖아예…

물론 다 맞지도 않았고예…

근데… 아지매는

운명과 숙명의 차이를 이렇게 이바구하고 싶어예.

숙명은 돌이 뒤에서 날아와서 볼 수 없기에 피할 수 없지만

운명은 돌이 앞에서 날아오기에 선택적 지각으로 피할 수가 있잖아예… 그리고 미리 대처할 수도 있고예…

님들… 어려우시더라도 너무 비관하지 마시고

힘차게 살아봅시다…

쥐구멍에도 땡빛 비출 날 있겠지예~

서서히 망하게 하려면 주식을 가르쳐라

아지매가 만든 철학서입니다…
서서히 망하고 싶으면 주식을 가르쳐라…

오늘도 일등만 살았네요.
우량한 남성의 대변자… 삼성전자
세기의 바람둥이 서울식품…
서울식품 남정네는 정말로 힘 좋았어예…
무너져도 벌떡 서는 게 변강쇠 아저씨 저리 가라였어예…

우리네 인생도 일등만 살아 남듯이
주시기도 똑같아예.
아지매가 만든 철학서…
서서히 망하고 싶으면 주시기를 배워라.
이 말은 동전의 앞면과 뒷면 같은 원리지예.

다시 말하면 서서히 흥하고 싶으면 주시기를 배워라.
이렇게도 가능하다는 거라예…

우리 주시기하는 님들은
어디 가서 명함도 못 내밀어예.
오히려 주시기한다고 할까봐 쫄잖아예.
직장에서 겸업하시는 분들에게는
아지매 할 말이 없지만요…
그래도 뜻뜻이 전업투자자분들은 당당할 수 있어예.
남의 것 훔쳐오는 것도 아니고
당당히 실력껏 붙어서 승부를 내는데 말이라예.
그렇다고 세금을 안 내는 것도 아니고…
그런데… 왜 다들 쉬쉬 하는지 모르겠어예…

더구나 어떤 님들은 그라데예.
"주시기는 병든 식품이니 먹지 말아라."
정작 그렇게 말하면서도 그 병든 음식을 계속 먹고 있지예~
차라리 먹어도 배탈나지 않으니 먹어라고 하면
더 프로 정신이 생길 텐데 말이라예.

주시기는 자본주의 시장에 있어서 꽃이라예.
앞으로는 더 멋진 꽃을 피우도록 자신 있게
"나는 주시기를 사랑한다."
큰 소리로 말할 수 있도록 열심히 노력합시더예~

빠가사리…

남들은… 들로 산으로 모두 휴가 떠났는데…

아지매는 아지매가 주시기한테 꼴아주지 않으면

이 시장이 죽을 것 같아 주시기를 지키는 일념으로 비지땀을 흘리며

오늘도 열심히 꼴았습니다.

잘했나요…?

참… 한심한 아지매입니다.

꼴았는 돈이면 해외여행을 수십번… 수백번도 갔다왔을 텐데…
쪼다 아지메…

그라고 열심히 주시기할려고

구찮게 하는 아그들을 할머니댁으로 모두 보내 버리고

남팬하고 둘이서 오붓한 시간을 갖고 있어예…

부럽지 않아예?

아니라고예…

하기사 뜨신 날 붙어 있어봐야 별 통수 있겠어예…
서지도 않는 꼬치 짜증만 나지예… (넘했나여… 지송^^)

둘이만… 있으니까 집이 텅빈 것 같아예.
시끄럽게 떠들고 많이 묵어도 짜슥들이 있을 땐 분위기가 살아 있었는데 말이라예.
남팬도 심심한지… 주시기도 모르면서 기웃기웃하고…
3시까지는 아지매가 같이 놀아주지 않으니까
심심한지 집 청소하고 자기 관물 정리하고…
쪼매… 불쌍하네예…
3시… 땡~
장이 끝나고 나니까 얼른 다가와서 맛있는 거 먹으러 가자고 하네예…
그래서 얼마나 맛있는 거 사줄라꼬 그라나 하고 따라갔더만…
빠가사리 매운탕집이네예…
빠가사리가 일급수 물에 사는 민물고긴데 정력에 쥑인다고 남편이 난리네예…
우째~나이 드니까 정력 좋은 것만 찾네예…
아직도… 우리 남팬은 남자의 심볼을 정력인 줄 아는가봐예.
아지매는 정력 한 사발보다 뭐니뭐니해도 머니가 더 좋은데 말이라예…

오늘 밤… 나이 들어 주책인지 모르겠지만도
지구가 약간 흔들흔들해도 이해해 주이소예. ~.^…ㅎㅎㅎ

짠밥이 말한다

날씨도 그렇고 지수도 폭락 없이
개미들 꼬시면서 여유롭게 흘러가고 있네예…
옆의 방이나 이 방이나… 다들
고수님들이 여러 가지 돈 꼴지 않고 한 방 부르스를 출 수 있는
기법들을 잘 말씀해 주시네예…
에… 다 맞는 말씀이고 철학적이라예…
상승장에서는 개나 소나 돈 딸 수 있지만
지금 같은 하락장에서는 선수들만이 살아 남을 수 있지예…

아지매 핵교 다닐 때
4학년 때 그 하숙집은 전부 복학 4학년하고
그냥 4학년 집합소였어예…
아지매가 칠칠맞아서 하숙했어예… 이해해 주이소예.
지금도 아지매 설치고 다니는 건 잘하는데 살림은 문제 많아예.

심심하믄 그릇 깨고 열받으면 더 깨버리고… ㅎㅎㅎ

제대 말년쯤 되니까 졸업하고 뭘 해 먹고 살아야 하는지가 최대
걱정꺼리였어예… ,
지금 보다야 덜했지만 그때도 생존경쟁은 마찬가지였어예…
다들 낮에는 열심히 공부하고 저녁에 모였다 하면
이런 저런 이야기를 하다가 꼭 한판 붙자고 하지예…
뭐냐고예…
고스톱하고 포카였어예.
그때는 지금처럼 컴도 거의 없어서
요즈음이야 혼자서도 얼마든지 하지만
그때는 멤버가 없으면 불가능했어예.
놀이라고는 고작 게임장에 가서
요즘 애들은 하라고 해도 안 하는
갤러그라는 파리 잡아먹는 것이 고작인 시절이었지예…
그러다 보니… 고스톱이 최고의 놀이였지예.

이미 그때부터 아지매가 주시기 판때기를
볼 수밖에 없는 운명이었지 않나 싶어예…
그런데… 아지매는 그 남정네들하고는 쨉도 안 되지예…
최도사는 도사 중의 도사였고 용맨은 머리로 싸웠고
잡기에 능한 재헌이형은 두말하면 잔소리고…
그 외의 인물들도 선수였지예.
아지매하고 띨빡한 알티(ROTC)만 그 남정네들의 밥이었어예…

그때 하숙비가 1학년 때 6만원 했는데
학기마다 5천원씩 올라서 4학년쯤 되니까 9만원쯤 했으니까
10명 하숙비를 다 따면 제법 큰 돈이었지예…
아지매 욕심이 생기더라고예…
아지매 공부도 쫌 하는데… 저까짓 남정네들쯤이야…
그러나 결과는 쪽박이었어예…
부모님한테는 늘 책 산다고 거짓말이 일쑤였고
알티는 책 산다는 게 하루 이틀이 아니니까
나중에는 총 산다고 구라까지 쳤어예.
그때 그 알티 부모님이 그 동네 친구도 뭔 일로 총을 산다고 했
는데 가격 차이가 많이 났나봐예.
그래 알티 부모님이 저 밑에 철이는 2만원 가져갔는데
너는 왜 5만원이냐고 했다네예…
그때 알티가 놀래가… 아부지요… 철이는 헌 총 사고
지는예… 새 총 살라고예…
참 웃지 못할 일도 많았어예…

다음부터 아지매는 그 남정네들패에 말리지 않게 엄청 노력했
어예…
돈을 꼴아도 열받지 않을려고 심리전에서 이길려고 노력했고
다음은 여러 경우를 두고 혼자서 연습했어예…

주시기도 마찬가지인 것 같아예.
첫째 심리전에서 지면 그 게임은 졌어예.

그리고 아지매는 이렇게 말하고 싶어예.
백만원이던 이백만원이던… 이 돈은
내가 수익을 내기 위하는 게 아니라 학습을 한다는 의미로
여러 종목을 사고 팔고 하면서
예습과 복습을 하라고 하고 싶어예.
상장된 종목 너무 많지예…
다들 흐름이 달라예…
그것을 하루 빨리 깨쳐보라고 말씀드리고 싶어예.
어떤 놈은 화다닥거리고 어떤 거는 쇠뗑거리같이 무겁고…
자꾸 느끼다 보면 느낌이 오더라고예…
어떤 님이 그라데예…
아무것도 모르는 영감님이 전광판만 보고 있다가
저 종목 사달라고 주문 넣어도
날고 기는 애널보다 낫다고 하데예.
바로… 감각이라예…
아지매는 두 가지를 말씀드리고 싶어예…
상대에게 넘어가지 않도록 심리전에서 이기는 것과
동물적 감각을 길러라고 말하고 싶어예…
아지매 오늘 밥 잘 먹고 헛소리 안 했는지 모르겠네예~

고마븐 경찰관 아저씨

인생이 뭐 그런 거 아닙니꺼예.

늙어지면 모두 관리종목 취급 받잖아예.

아지매는 그래가 끝까지 우량주로 남고 싶었어예.

우량주가 별것 있어예.

죽을 때까정 건강하게 지내는 게 우량주 아니겠어예.

그래가 아지매 아침마다 운동하잖아예… 10년 뒤를 위해서예.

누가 그라데예. 40대 건강을 지킬려면 30대부터 준비해야 하고

50대는 40대부터 준비해야 된다꼬예…

아지매 참 부지런하지예… ㅎㅎㅎ

어디서 하냐믄예

아지매 사는 동네 뒷산 수리산이 있어예.

그기는 삼림욕장도 있고

공짜로 사용하는 운동기구도 있어서 힘자랑도 할 수 있고

운동하다 목 마르면 먹을 수 있는 약수터도 있고
또 멋진 아저씨하고 이바구하라꼬 벤치도 마련돼 있고
온몸 지압할 수 있는 자갈밭(?)도 있고
황토길도 있고…
휴… 동네 자랑하기 힘드네예… ㅎㅎㅎ

아지매 운동을 마치고
뒷길로 차를 몰고 집으로 번개같이 오는데 뒤에서
"삐옹 삐옹 2718차 옆에 세우세요."
경찰관 아저씨가 아지매를 부르잖아예.
앗차…
뒷길은 학교가 많아서 도로 전체가 횡단보도고 신호등이라예.
아… 그런데 아침 일찍이라 사람도 없어서
아지매 신호등도 안 보고 안전벨트도 안 매고
완전히 도주 차량처럼 덜렸거덩예…

아지매 순간…
안전벨트 미착용 3만원 신호위반 6만원…
머리에서 계산이 팍팍 되잖아예.
그 동안 불법주차 교통위반 딱지 끊은 것만 해도
이 똥차 팔아야 해결될낀데 생각하니 맴이 쓰리데예…
그래가 후딱 내려서…
정중히 90도 각도로 절을 했지예.
그라면서 경찰관님 바지 가랭이 부여잡고

"경찰관님! 아지매 밤낮으로 묵고 산다고
설치고 댕겨서 죄송합니데예. 한번만 용써 바랍니데이."
그카면서 다음부터는 또 이러면 막바로
깜빵소로 보내라꼬 막 매달렸지예…
그랬더니 그 경찰관 아저씨 일장 훈계를 하더라고예.
아지매 막 헷갈리게 하데예.
딱지를 끊는다는 거야… 아니야…
요지를 파악 못하고 있는데 그 아저씨 이렇게 말하데예.
"아주머니 끝까지 우량주로 살아야지요.
그렇게 난폭 운전하다가 사고나면 어쩌시려고…"
휴… 아지매 살았당!
정말 고마븐 경찰관 아저씨였어예.
잘못을 예쁘게 받아주는 우리 사회…
아즉까지는 살아볼 만한 세상이었어예…
오늘은 하늘이 더 푸르게 보이데예…
아지매 눈에는예~

장안의 화제 인물 탐방

오늘은 장안의 화제 인물 두 분을 모시고 앞으로 주시기 전망을 들어보도록 하겠어예.

모두 바쁘신 관계로 가장 한가한 두 분…

거래소의 떠도는 풍운아 007 로즈님과 코시닥의 잔털맨 지수 1250님을 모셨어예…

안녕하셔예… 요즘 참 어려븐 장이라서 우리 같은 개미 군단이 어느 줄에 서야 할지를 몰라서 갈팡질팡하고 있어예. 부디 인도하여 주시지예.

지수 1250 : 아~잔인하다 못해 처절했던 4월입니다. 사실 이 문제는 이빨 빠진 호랑이와 새로 혜성처럼 떠오르는 원자바이오의 힘의 구도랄까… 뭐 그런 거죠.

로즈 007 : 아따… 성님 뭔 그런 어려븐 이바구를 합니꺼? 지는 마… 목욕탕에 물이 남자가 들어가면 넘치는데 와

아지매들이 들어가면 쭐어드는지 그것 계산하고 있
구만요.(손가락으로 꼼지락 계산 열쭝)

그러자… 방청석에 젤 목소리 큰 백수 아지매 갑자기
백수 아지매 : 로즈 오빠야, 그기 궁금하믄 내하고 같이 목욕가
　　　　　　가 실험해 보자.

사회자 : 대담 중에 이래 깽판치믄 안 됩니더. 백수 아지매 자
　　　　중하이소… 그럼 지수님, 이래 폭락한 데는 누구의 잘
　　　　못이 젤 큽니꺼예?

지수 1250 : 아마… 옵션하는 개미들이 컴퓨터 자판에 콜글자밖
　　　　　에 없어서 그런 이유 하나에 뭐니뭐니해도 최대 악
　　　　　재는 외국인이 현재까지 1조 넘게 매도한 것과 그
　　　　　물량을 대부분 투신이 매수했다는 겁니다.
사회자 : 아… 투신 아덜이 사먼 와 안 되는데예?
로즈 007 : 아 사회자님도, 글마들은 양아치하고 똑같씸니더. 장
　　　　　에 들어왔다카믄 판때기 히뜩 뒤비뽑니더. 글마들은
　　　　　아예 못 들어오게 조슬 까뿌야 됩니더 조슬까…
사회자 : 방송 중에 말씀이… 쫌…
지수 1250 : 아… 로즈 동상 말이 맞습니다… 갸들은 조때가리
　　　　　를 뽀사야 합니다…
사회자 : 자… 자… 진정하시고 그럼 지지대는 어디쯤에서 터닝
　　　　할 것 같습니꺼예?

그러자 방청객 한쪽에서 정발산 도사가 서서히 걸어나와

정발산 도사 : 그린스판, 바이오리듬… 정일이 컨디션… 황사
바람… 광우병… 고철 시세 이걸 알아야만 알
수 있습니다.

그러자 방청객에서 저거도 한마디하겠다고 난리도 아니라예…

서울 선생 종목 선전할라카고, ify171 삼송전자 거품 물고, 영고
니 총각 음악 크게 틀고, 반찬가게 큰딸 불륜 관계 유포하고… 장
난 아니네예…

그러자…

사회자 : 자… 자, 진정하시고 주말 잘 보내시고 월요일날 다시
붙어봅시더예.

오늘 대담은 이것으로 시마이합니데~

부부의 날

오늘은 남편 자랑 좀 할께예.
마누라 남편 자랑, 자식 자랑 하믄 팔불출이라는데
팔불출 아지매라 생각코 들어주이소~

아지매도 91년 이맘 때쯤 결혼했으니
우리 집 남편과 알 만큼 살았네예.
결혼하자마자 신혼이랄 것도 없이
애 낳는다고 바빴고
그러자 묵고 산다고 사랑이 뭔지도 모르고
지금까지 왔네예…

IMF 때 남들은 목숨이 왔다갔다할 때
우리 집 남편은 억쑤로 능력이 있어 갖고(?)
본사로 발령이 났는 거 있지예.

남들은 잘됐다고카는데
아지매는 내 향토를 지켜야 한다는 일념으로
서울로 안 올라꼬 끝까지 밍기적거렸지예.
결국 지금 아지매를 이 꼴로 맹글었지만 후회는 없어예.
인생과 돈은 뗄래야 뗄 수 없는 관계를 이바구해 줄 수 있거덩
예.
그런데… 2년 전에 다시 남편이 억쑤로 능력이 있어 갖고(?)
지방으로 내려갔지예…
무신 또 다른 운명의 장난처럼…

올해로 3년째 되는데…
한 주일도 빠지지 않고 의무 방어전을 치르러
남편이 요롱 소리가 나게 올라오지예…
참 자상하고 따뜻한 남편이지예.
아지매 복에 겨운 사람이지예.
아지매 이만큼 돈 꼴아도 그대로 데불고 살고
반드시 꼴았는 돈 다 찾아라고 위로하고 격려해 주고
정말 눈물나게 고맙지예~

그런 남편을 아지매는 맨날 바가지만 긁었는데
오늘은 오면 잘해 줘야 되겠어예…
잘해 주는 게 뭐 있겠어예.
바가지 안 긁으면 되지예… ㅎㅎㅎ

어느 점쟁이가 그라데예.
나중에 이 아지매 다른 건 몰라도
남편하고 자식 때문에 목에 힘줄 날 있다카던데
혹시 이학수처럼 될지 누가 알아예.
아지매 착각이라도 믿고 싶어예… 구엽게 이해해 주이소^^

"오늘은 부부의 날이라카네예.
아내가 젤 좋아하는 게 꽃이라네예.
남편분들 오늘 들어가실 때
안개꽃에 장미 몇 송이 얹어 가면 너무 멋져 보이겠어예.
이 두 꽃 꽃말을 합치면… 죽도록 사랑한다… 는 의미라네예."

여자로 봐주이소예~

우주일렉트로 절마 저거 막바로 우주로 날라뿔 줄 알았더만
오늘 기름 좀 넣고 갈라카나 하루 쉬네예.
아지매가 찜 해놨는데 월요일날 함 붙어볼라꼬예… 히히히
이거 따라 하라꼬 광고하는 거 아닙니데이.

마 그건 그렇고예…
내가 아는 아지매 한 분이 있어예.
그 아지매가 경제에 이바지하고 싶어서 직장을 구한다카네예.
그래가 광고 보고 전화를 했다네예.
뭐시기 한의원에서 약 달이는 일이라꼬카데예.
그래서 아지매가
"여보시소, 그기 사람 구한다면서예."
그라자 그기 한의원 선상을 바까주더라데예.
"어… 저 근데 나이가 몇 살이시죠?"

하고 그 선상님이 다짜고짜 묻더래예…

그래가 속으로 나이는 와 묻노?

약 달이는 데도 나이가 필요하나… 힘만 쎄면 되지…

면접한다카면 약탕기 몇 개나 들 줄 아느냐꼬 그런 거 물어야 안 되나?

그래도 그 아지매 나이를 팍 쫄아가 41살이라캤다네예.

아 그랬더니 그 선상님이…

"우리는 30대를 찾습니다."

그카더래예. 그래가 아지매가

"선상님은 몇 살인데예?"

캤더니.

"50입니다."

그라더라예. 그래가 그 아지매가 한마디했다네예.

"50대가 30대는 와 찾아예? 뭐 배 맞출 일 있어예?"

그카고 팍 끊었데예. 아지매 거품 물고 난리네예.

갱제에 원동력이 될 수 있는 아지매를 와 사회는 거부합니꺼예…

여자의 힘과 입씸은 나이하고 정비례한다는 사실을 와 모를까예.

그리고 아지매의 팔뚝 근육은 가정의 역사라는 걸 와 모른단 말입니꺼예…

오늘 남푠분들…

집에 계신 아지매 팔뚝 한번 쓰다듬어 주이소예~

목욕비는 나왔나요?

역시 무주식 상팔자더군요.
두 다리 쭉 뻗고 잤어예.

아침에 일어나 보니…
다우 나시닥도 깨째째 올라 있었고
새벽에 8강 진출한 우리의 대한 건아 조재진이 아지매를 기쁘게
해주더군요.
그기다… 아지매마냥 떡빡한 자살꼴 때린 말린 선수…
잠시 애도해 줬어예…^^
그리고 무엇보다 테살로니키 올림픽 축구 경기장에 못간 게 아
쉬웠어예…
아지매만큼 큰 목소리도 없으니까
살랑거리는 아가씨 열 배 몫은 할낀데 말이라예… ㅎㅎㅎ
빨리 돈 벌어서 노세노세 되야 할낀데~

그런데 우리 집 두 놈은 우째된 게 한 끼도 안 거르는지 모르겠어예.
눈 딱 뜨면 밥 달라고 하네예…
어이구 저 웬수들 빨리 핵교로 쫓아버려야 하는데…
방학은 우째 이리 긴가예…
대충… 한 그릇 밥 때려주고 나니
8시…
10분 동안 두 놈에게 오늘의 행동지침을 일렀지예.
첫째… 이 시간 이후 찍 소리나면… 알쥐?
둘째… 엄마가 작업하는 동안 모든 전화… 방문객은 큰놈 너가 맡는다. 알았나?
두 놈… 대답 : 예… 형님
우헤헤헤헤

8시 10분 뚜껑을 열어보니
오늘도 빙님 방은 신나는 음악과 함께 시작되더군요.
그 동안 음악이 뭔지 노래가 뭔지…
세상 모르고 살았는데 요즈음은 귀에 음악 소리도 들리는 걸 보면 쪼매 살맛나는 것 같네예…^^
오늘은 빙님이 무슨 종목을 애기할까… 기다려지데예.
장이 딱 서자마자
"기린 절마… 쪼매 수상하네예…"
아지매 놓칠 수 없지예.

얼른 일봉 보니 오늘은 함 세울라꼬 빨딱거릴 것 같았어예.

그리고 분차트 보니 용솟음칠라꼬 시동거네예.

미련 없다… 755부터 750까지…

800원 찍으니 빙님이…

"여기서 스톱할라카나 잘 보이소…"

어김없이… 그 소리에 790원 다 때렸지예…

기분 째지데예…

그런데… 위에 엄청시리 물량을 쌓아놓고 못 올라가게 하는 게 아무래도 수상해예…

그리고 시간도 아직 9시 30분밖에 안 되었고예…

그래서 아지매 790원 또 쓸어담았어예…

그라니까 막 가네예.

아지매 얼른 상한가에 가서 기다렸지예…

아니나다를까… 꿀꺽꿀꺽 삼켜주네예…

아침 매매 시마이~

두 놈 불러놓고 일장연설했어예.

"수고 많았다. 점심 뭐 사주꼬."

그러니 큰놈이

"어무이요… 오늘 비가 올라카니 신경통 있습니꺼? 와… 안 하던 말씀을 하고 그래예…"

ㅎㅎㅎ 기분 좋아서 짜장면 한톡 쏘았어예.

아지매도 오랜만에 짜장면 한 반 그릇 묵고 약간 졸릴라 하는데 1시쯤… 스피드 추천 날라왔어예…

"아지매 빨리 정신 차려서 코오롱… 7,500에서 7,700 잡으소.

그라고 7,200 손절 칼같이 지키야 됩니더… 오버…"
후다닥… 보니…
7,400원서… 끼득끼득… 말 떨어지기 나르네예…
아지매도 7,600원에 도망가는 놈 막 따라갔어예…
따리링~체결되고… 막 가는데…
또다시 빙님의 메시지
"적당히 잡숩고 나오소… 욕심내지 말고예~"
그때가 벌써… 8,100원까지 와 있네…
감사합니다 하고 손 흔들었지예…

벌써… 2시가 다 되었네예.
어서 빨리 빙님 방에 가야지…
역시나 음악이 아지매 방구다이를 흔들게 하네예.
몇 번 흔들고 나니…
빙님… 서식이 절마 투매날 때 함 보라 하네예…
아지매… 또 손 건지럽어 안 되지예…
그래… 오늘 짜장면값이나 벌자 하고 500주 21,900원 덥썩 잡았
어예.
근데… 얼마나 빠른지… 22,400원 갈 때 못 팔고 겨우 22,050원
에 팔렸네예…
짜장면값 벌려다가 수수료도 모자라네예…^^
오늘은 가정의 날이라고예…
그라믄 아지매도 목욕 좀 하고
닐 아지매 냄새 안 나게 깨끗하게 해서 아침에 뵐께예.

파터너오 꼬오깐수류(Changing Partner)

와… 빙님방에서 주시기할려면 한두 가지 알아서는 안 되겠어
예.

주시기도 주시기지만

최신 유행하는 계절별 음악 알아야지예.

특히 여름 노래의 대명사 진주 조개잡이는 모르면 등신되잖아
예…

ㅎㅎㅎ

그중에서도 진주 찾아 돈을 벌 거야~♬… 이 대목은 빙님 방훈
이지예.

또 연구 대상에 있는 토속적 언어들…

예를 들면…

시껍합니더=고생합니다.

단디하이소=신경써야 합니다.

그런데… 여기다 일본어까지…

오늘 장도 꾸리해서 빙님 채팅창에 갔어예…

그랬는데… 그기서 빙님이 일어로 종목을 설명하고 있었어예.

회원분들이 질문할 때마다 기다리는 분이 있으니까 예의 바르게

"죳또마때…"

또 어떤 분이 상한가 갔는데 또 따라가도 되냐고 하니까

"깐이마 또까라."

그러자… 잠시… 날라리온이 하방 갔는데 우짤까예… 하니까

"비싸이로 막가."… (주… 비 사이를 피해 가려면 굉장히 날렵해야겠지예.)

그런데… 띨빡한 회원분이 빙님 종목도 아닌 종목 들고 잘난 체하니까

"니밴또니까무라…"

와~진짜 실력 다이조우부데스였어예…

아지매 넋이 나갈 정도였어예… ㅎㅎㅎ

아~그때

빙님…

"오조우… 저 처자 바람날라고 하네예."

그래… 아지매

엘카 절마 하고 안 맞아서 상 두방 날리고 가슴팍 뿌가졌는데…

오양… 너… 파트너 바꾸어보자…

참~신기해예.

빙님 말하고 나니 잘 가네예.

아지매도 좋아서 콧구멍이 벌렁벌렁하데예… 히히히…

마무리 싸비스까지 해주면 좋겠던데…

아쉬운 대로 12,450… 찍었네예~

우짰던지… 낼 13,000냥 터닝하고 시마이해야 될낀데…

아지매…

반찬값 벌라꼬 샀어예.

지발~다우 남정네하고 나시닥 처자가 한 판 붙어서 깽판이 나

야 아지매… 낼 반찬 사러 갈낀데…

ㅎㅎㅎ

아리가또고자이마스

모두 지난 일

주식 판때기 보는 사람 치고 사연 없는 사람 없다고 그랬지예.

아지매도 1998년도 12월에 입문했으니까 이 바닥에 쪼매 놀았다고 할 수 있겠지예.

99년 3월부턴가 증펌사 교주가 만든 데이트레이딩인가

이게 아지매 잡아묵고 지금껏 헤매고 있지예…

지금도 고수 근방도 못 가지만 증말 그때는 뭘 알고 주식을 샀는지 미스테리 중의 하나라예.

팩스 기웃거리다가 누가 한 종목 사라카면 누가 먼저 살까봐

얼렁 다 사뿌고… 요새도 내같이 하는 사람 있어예… ㅎㅎㅎ

지딴아 정보 찾는다고 밤새도록 컴터 뒤지다가

얄구진 놈한테 돈 꼴아박은 사연 이바구하다가

도로 아지매 사기 묵고 도와주겠다고 해가…

그때 박이사 (싸이트 운영자) 일마 뭐하는지 궁금네예.

그라다 유료 정보 한 달에 십만원씩 주고 무극이 끈질기게 들었
지만 별통수 없었고.
전화 정보 그만큼이나 비싼 건 줄 모르고 듣다가
전화국 가가 요금 도로 물리돌라꼬 떼거지 부린 일…
참 다양하게도 놀았지예.

남들은 촌년이 서울 와가 출세했다꼬카더마는
아지매는 지금 껍데기밖에 없어 날씨가 찌뿌둥하니까 실프네예.
아지매 십원도 아까봐서 돈 들어가는 거는 절대로 안 하는데…
그래가 여름에 가까운 개울가에 가서 개꾸락지 헤엄 속기로 새
끼들 갈차주고
아지매도 돈 안 드는 등산이나 맨손 체조하지 헛구녕에 돈 안
쓰는데…
우째된 게 이 판때기 구녕에 들어가는 거는 아까운 줄을 모를까
예.
이래 하는 게 아지매 애국자 맞씀미꺼?

우짜다 이래 됐뿟노…

님들이야 수익나서 도로 반납했다 생각카면 되지만
백수 아지매는 이게 뭡니꺼예…
뒷북치고 들어와가 끝까지 뒷북만 치야 합니꺼예.

그래가 아지매 썽질 더러버서 터래기라는 터래기는 다 뽑았어
예.
그라이 몸도 홀가븐하고 볼 만하네예…

그것뿐이 아닙니더예.
돈 꼴먼 짜슥들한테도 이유 없이 고함지르고 협박한다 아닙니
꺼예…
"너거 공부 안 하면 쪼까낼끼다."
그라이 우리 집 큰놈이 아즉 코흘리게 초딩인데
아~철학자같이 이런 말을 하네예.

“어무이요… 인연과 인생은 테이프처럼 도로 감을 수 없씸니더
예.”
“그게 무씬 이바구고?”
“어무이요… 어무이하고 주시기하고는 인연이 아니라는 말이라
예.”
와…
아지매 한 방 묵었어예.

하기사! 이적껏 주시기 뒷다리만 끌겄는데 할 말 없지예…
아지매 언제 대박나가 신문에 대문짝만하게
“백수 아지매 수익률 1,000%
반찬값으로 10억 맹근 아지매
더 이상 아지매 노하우는 따라갈 자 없다.”
이런 기사 언제 나올까예.
요원하네예~

휴… 아프당…

어젯밤 빙님 방송이 없어서 이곳 저곳 무방을 들으며 다녔지요.

가보니 참… 신기한 애널도 많더군요.

처음 간 곳의 애널은 거의 전 종목이 하방을 가도

자신의 종목은 살아 있다는 전설적인 신과 같은 애기를 하더군
요.

아지매 귀가 얇아 솔깃한 거 있지예.

또 다른 방에 갔더니

이 애널은 자신을 따르라… 그러면 모든 게 만사형통하리라 하
고 말하데요.

그래서 아지매 또 막 흔들리더라구요…

잠시… 또 다른 방을 가 봤더니

그 애널님은 장비비를 아끼면 안 되는데 마이크 소리가 퍽퍽거
려 심장이 쿵쾅쿵쾅했어예.

하지만… 왠지 모를 우수가 깃들어 있고 믿음이 가더라구요…

그런데… 그때 갑자기 빙님의 얼굴이 떠오르며

"아지매 정신 차리소… 바람 피우면 안 됩니더…"

하는 말이 들리는 거 있지예… ㅎㅎㅎ

아이쿠… 정신 차려 보니 아지매 잠잘 시간이 다 되었네예…

마~그래도 아지매는 빙님이 최고 애널이라고 믿고 싶었어예…

(아부 좀 해도 되겠지예…^-^)

아침에 일어나 보니…

나시닥 처자가 다우 남정네를 밤새 얼마나 써비스 잘했는지

시뻘겋게 발딱 잘도 세워놨네예… 지발 조루가 아니고 롱이어

야 할낀데…^^

또… 우리 거래소 아자씨 코시닥 아지매 뒤치닥꺼리하는 건 아

닌지 모르겠어예.

아지매 우리집 두 놈 짜슥들한테 공갈 협박 한 번 하고…

뭔 협박이냐고예?

"너거 떠들고 공부 안 하면 쫓아낼끼다."

ㅎㅎㅎ

하고서… 빙님방을 갔어예.

그런데… 오늘 아침은 분위기 쥑이는 음악이 흘러나오데예.

아지매 한창 때 남정네하고 손잡고 부르스 춘 노래가 막 흐르데

예.

그라이… 날씨도 깨째째한데 옛날 생각 무지 나는 거 있지예.

빙님… 아침 전략은 안 들리고 그 남정네는 어느 하늘 아래 있

을까?

아즉도 아지매 생각을 할까?

별별 생각을 다 하는데 장이 열렸어예.

그런데… 아지매 아침에 온 스피드 추천주

"엘카를 노려라…"

빙님의 얘기는 안 들리고 그것만 생각나데예…

얼른 11,200원 잡고 나니… 막 가네예… 11,850원까지…

그러자… 빙님 메시지… 띠리리

"용써야 할 때 못 쓰면 알아서 처리하이소…"

그때가… 11,600원 충분히 팔 수 있었는데…

아까비~그 놈의 남정네 생각 때문에 11,400원에 때렸지예…

나중에 보니 11,900원 종가 관리까지 했네예… 휴~아프네예.

계산하니 9만원 벌었어예… 배 터졌지예… ㅎㅎㅎ

그러자… 빙님이 코오롱인터… 이러는데… 컴이 뻑이네예.

아지매 전업투자할라꼬 장비비 안 아끼고 최신형으로 준비했는데…

…

우~씨

다시 접속… 다시

켜 보니… 이미 코오롱 상한가 말고 앉았더라구요…

코오롱… 사신 분… 축하잔 돌리고 난리났는데…

아지매는 손가락 빨았어예~

오후장을 기다리자… 남정네 생각은 그만하고… ㅎㅎㅎ

1시 40분쯤 날라온 빙님의 메시지

“쏠본 4,500원 손절선 얼른 덮치소…”

착~보니 4,670원에 있네예…

아지매 인정사정 볼 거 없다… 4,690원까지 몽땅…

잘 가네예… 4,920까지…

그때… 빙님… 5,000원 저항선입니다… 귀에… 안 들리네예…

어~막 내려오네예…

60일선에서 돌리겠지… 어 아닌데… 그럼 120이평선에… 아니네… 그럼 200일선… 그것도 아니네…

종가… 4,575원

…

휴… 아프네예.

오를 때 좋아서 낼까지 잘 먹을끼라고 쏠본 댄서 추고 난리났었는데…

쪼매 부끄럽네예~

그런데 빙님이…

“낼 보고 단디 싱갱써서 잘 파이소.”

그 말 한마디가 위안이 되네예…

우짰던지… 오늘 나시닥 처자가 다우 남정네를 화끈하게 안아줘야 될낀데…

ㅎㅎㅎ

쿵따 쿵따 쿵따따 쿵따… 니박자

카사블랑카… 모로코 대서양 연안에 있는 항만 상공업 도시.
모로코에서 가장 큰 도시로 <북아프리카의 뉴욕>
이라고도 한다.
플로리다 출신 가수 Bertie Higgins가 불러 히트
쳤고 최헌 오빠도 불러서 그의 허스키한 음색을
살리기도 했지요.

오늘… 빙님도 죽이는 목소리로 카사블랑카를 따라 부르더군요.
아지매 빙님 사무실에 최헌이 놀러 왔나 할 정도로 허스키한 목
소리…
으흐흐흐…
가을이 되어 팝송으로 아침 분위기를 여니
여느 때와 달리 색다른 분위기가 좋더라구요.
그리고… 빙님이 어제부터 목이 터져라 강조한 엘카…

아지매… 맘 속으로 난 널 잡아묵고 말끼야~ㅎㅎㅎ
확실한 널 찜뽕하고 나니 어렵게 종목 고르지 않아도 되고
오늘 눈먼 돈 좀 만지겠구나… 으ㅎㅎㅎ…
꿈에 부풀었죠.

역시 아침 동시호가 상황 죽이더군요.
밑에서부터 차곡차곡 땡기면서 스토리를 짜더군요.
근데… 막상 시가가 어제보다 +750원이나 보태서 뜨는 거였어
예.
아지매가 꿈꾼 상황이 아니었지예.
그래도 아지매… 안 쫄죠…
조금만 내리도고… 아니나다를까… 17,450원까지…
웬떡 17,550… 텁썩… 막 갑니다… 근데… 18,000 스톱… 아침
고점을 못 뚫네예.
잉~팔아삐까… 아니지… 쪼매만 기둘러 보자.
아… 그때… 컴이 소리가 안 납니다… 또 뻑이네예.
빙님 소리 안 나는데요 하고 쪽지 날리니… 빙님… 엄청 열받고
있네예.
"아지매 내 목소리 그래 듣고 싶습니꺼…"
아지매도 빙님한테… 쫄아서
"예… 담부터는 안 보챌께예…"
휴~빙님도… 대단해예… 성~질… ㅎㅎㅎ

인강성 안 좋은 아지매 집에… 전화 막 울립니다… 정신 없네

예.

그리고 아침부터 우리 집 작은놈 친구들 한 빼까리 와서 게임하고 난리났습니다…

아~다시 컴 켜보니…

상황은 17,200냥 가서 꼴아박을라꼬 끼떡끼떡하고 있네예.

빙님… 메세지 자꾸 옵니다.

"주시기를 잘할려면 손절 칼같이 해야 합니더예…"

그래… 좋다… 까짓 거…

반찬값 쪼매 벌어났는 거 우째 그래 잘 아노…

미련 없다… 17,000냥 씨레기통에 확 집어넣었어예…

우~씨 숨 좀 돌리고…

작은놈하고 친구들 불렀어예.

아지매 일장연설 모두 쫓아보내고

큰놈 작은놈 뒤통수 한 대씩 갈겼어예…

그라니까 작은놈 찔찔 짜데예…

아지매 냉정합니다… 그랬더니 큰놈이 그래도 엉아라고 작은놈 위로하더라구예.

"동상아 10년을 어무이하고 살면서 아직 어무이 성질 모르나… 니가 마~이해해라…"

그라는 거 있지예…

아지매 며칠 방구다이 흔들고 콧구멍 벌렁벌렁했는데

오늘 완전히… 니박자였어예.

등신… 쪼다 아지매

오버나잇한… 오양

아침에 멋지게 채였어예…

어젯밤 다우 나시닥이 뭔 궁합이 맞았는지…

100포인트 이상 뛰어서 오양을 겁 주더니…

아니나다를까… 오양 한 대 맞은냥 시퍼렇게 떠더군요…

빙님… 시가… 고가다… 리스크 관리하고요… 장중에 반등 줄 때 매도하세요.

그런데… 그때 아지매…

차라리 서울식품이나 들어갈 것이지… 뭐하러 세양을 들어가서 20원이 손절… 우헤퍽~

그러자… 판단력이 흐려지며 그 금쪽 같은 오양을 9,100원 매도

11시쯤 되니 오양이 지수가 내리는 틈을 타서 시부직이 오르네예…

땅을 치고 허파 뒤비고… 아지매… 꼴까닥…

하기야 아지매 품보단 딴님 품에 가서 잘 살라고 손 한번 흔들
어줬는데도… 도저히 용서가 안 되네예…

이성을 잃은 아지매…

삼립을 집중 공격했지예…

5,650원부터… 5,450까지…

얼마를 잡았는지는 모르겠고… 평균 단가… 5,590원

2시… 빙님… 라이브를 시작하니 종가 관리할려고 발버둥을 치
데예…

빙님… 5,800원 한 번 때려줘라… 싸인 나오데예.

예… 사부님…

물량 많아 5,750원부터… 5,790원까지 전량 매도…

그래도 오양에 대한 미련을 잠재울 수 없었지예.

1시쯤… 도착한 스피드 추천주 코오롱인터…

이넘도 놓치고… 허파 엄청 뒤비네예.

하지만 코오롱인터가 죽을 것 같았는데…

빙님이 외치는 종목은 끝내 죽지 않거덩요…

종가 관리 상한가로 말려고 한 쇼를 할려고 하데예…

그래서 급하게… 7,500원에… 2,000주 넣었는데… 고작… 200주
잡혔네예…

아… 오늘은 오양 때문에 심장 엄청 상하네예…

아무래도 축구 아지매인 것 같아예…

먼저 먹는 놈이 장땡인가

오버나잇한 종목… 삼립식품…
삼립 종목 분석실에 갔더니
만원 간다… 15,000원 간다… 아니 35,000원 간다…
장구 치고 북 치고 난리가 아니었어예.
원래 소문난 잔치에 먹을 거 없다고
아지매는 백만원이 가더라도 아침에 팔려고 맘 먹었지예…

기다린 월요일 아침 동시호가…
아니나다를까… 상한가로 시작
그러나… 9시가 다가올수록… 본 모습을 드러내더군요.
그래도 시가가… 5% 이상 뛰어서 5,900원으로 시작했어예.
그 순간… 빙님의 긍정적 얘기와 내 마음 속에서 미리 정했던
매도가를 깜박할 만큼 상황은 매우 좋았어예…
그런데… 기쁨도 잠시, 상한가를 말아올리려고 가더니 힘없이

처지네예…

아뿔사… 6,200원 충분히 매도할 수 있었는데…

인강성 안 좋은 아지매집에 웬 전화가 이리 많지예…

잠시 방송 소리 죽이고 눈을 뗀 순간… 거의 시가까지 왔더군요.

정말… 떡 같애… shit…

욕 한번 하고 나니 시원하데예…

마침… 빙님도 6,000원선에서 매도 권하고…

기다렸다… 6,000원 전량 매도…

그래도 주당 600원 먹었으면 감사해야지예…

오늘은 아침에 별다른 특징주도 없어서

이리저리 기웃거리며 아침 스피드 추천 종목을 봤지예.

크로바… 6,100~6,300원 매수가

손절… 6,000원…

군침이 돌더군요.

보합까지만 땡길어 올려도 꽤나 짭짤할 것 같아…

그때가… 11시쯤… 좀 이른 시간이다 생각하면서도…

6,300원 매수 시작…

근데… 갈 자리를 못 가고 한 단계 더 하락…

-50원 손해 보고 다 던져버렸지예…

그냥 있었으면 2등 했을 텐데…

그런데… 오늘 따라 빙님이 이곳 저곳 무방을 하더군요.

정신없이 따라다니는데…

뱃속에 시계 붙어 있는지 끼때는 귀신같이 아는 우리집 두 놈이
아지매 눈치 보며 밥 달라고 기웃거려…
"짜슥들 밥밖에 모르나?"
하고 머리통을 쳤더니 큰놈이…
"어무이요… 다 묵자고 하는 일 아닙니꺼…"
이라데예…
빨리 방학이 끝나야… 맘 놓고 할낀데…

아지매는 점심으로 고구마를 씹으며 훗장을 기다렸지예.
드이어…
"9,000원을 지지하면 오양한테… 덥쳐라."
빙님의 스피드 추천이 날라왔어예.
그때가 1시 30분이 다 되어 갔는데… 9,150원에서 끼득거리고
있던 게 갑자기 9,270원까지 치고 가네예…
역시… 빙님의 약발은 끝내 주데예.
그 동안 학습 효과로… 반드시 9,000원 한번 깰 거라고 보고 기
다렸지예.

훗훗… 역시 8,870까지 가더군요… 2시쯤에요.
근데… 저점을 3번 깨고 내려왔지만 지수가 오르락내리락해서
망설였지예.
그런… 쌍바닥을 찍으며… 비실비실 올라가는데
빙님의 강한 매수 싸인이 나옵니다…
그래, 겁 먹을 것 없다… 잡고 보자…

물량들을 많이 잡을 수 없었지만… 8,950쯤에 매수가 다 되었네
예.

한번 더… 빙님의 강한 매수 약발… 결국 9,330원으로 종가 마
무리됐네예.

아지매… 오늘은 종가에 반은 털었습니다.
낼… 나머지 반만 수익 줘도 감사하게 생각할 겁니다.
너무… 욕심이 지나치면 화를 부를 것 같아 천천히 갈렵니다…

길고 짧음은…

어제 아지매 처음으로 80평짜리 집에를 갔어예…
여고 동창인데 잘 살게 됐다고
서울 사는 동창들을 초대했어예…
처음엔 속 좁은 아지매 썩 내키지 않아
안 갈려고 했더니 친구 가스나들이
쫀쫀하게 그라믄 통큰 아지매 못 된다고 해가
그… 좋아하는 주식 판때기도 하루 접고 갔었어예.

미리 강남 방배동 집 근처에 함지박이라는 곳에
점심 예약을 해 두었고
거나하게 점심을 중국 음식 코스로 얻어먹었어예…
식사가 끝나고…
드디어 그 집을 들어섰어예…
모두들 말은 안 했지만 똥 십은 표정이었어예.

여자들은 알게 모르게 죽을 때까지
그 놈의 질투라는 게 발동하더라고예…
더구나 남편도 새파랗게 젊은 우리 동기였으니까요…

정작 축하해 주고 기뻐해 줘야 하는데
아직 부덕한 아지매라 그럴 여유가 없었어예.
그러다 보니…
어제만큼 엿 같은 기분은 처음이었어예…
돌아오는 길에 친구가
"사업하는 사람들은 한 방에 갈 수 있다… 맞제."
라고 하는데…
그 말은 자기 위안처럼 들렸고
한 방에 가더라도 그렇게 흉내내고 싶었어예…

아지매 들어오자마자 궁금했던 주식을 봤어예.
10원이 올라 있더군요.
얼마나 나 자신이 초라했는지
그냥 눈물이 왈칵 쏟아지데예.
그런데… 내가 가진 건 이제 두 아들 놈밖에 없더라고요.
내가 너무 지쳐 버렸는지
그 두 놈에게 주사위를 던지는 게
너무 부끄럽게 느껴진 하루였어예…

1억 잃고 100억 맹근 아지매… 탄생될까예…

　사실 어제 이 글을 써놓고 아지매 눈물이 앞을 가려 못 올렸어예…

　오늘은 좀 나아졌네예…

서러운 나라

그저께는 촛불 시위 어제는 만두 파동
또 오늘은 이국 만리에서의 납치 사건…
없는 것도 서러운데 하루도 바람 잘 날이 없네예…

님은 갔지만 그의 초췌한 모습은
아직도 생생한 모습으로 우리 곁에 있네예.
아침부터 방송마다 특집으로
님에 대한 얘기로 마치 잘 물어온 기사거리인냥
떠들어대는 게 왜 그리 앵무새처럼 느껴질까예.
오늘 밤도 잔뜩 또 그 님에 대한 얘기들로 가득하겠지예.
그럼… 왜 진작에 그를 보내기 전에 지금 같은 열정을 쏟지 않
았나요?
우린 꼭 소 잃고 나서야 외양간을 고쳐야 하나요…
정말 알 수 없어예…

아이들에게 지구본을 펼쳐 놓고
우리 나라… 좋은 나라
대한민국을 찾아줄 때가 제일 부끄러워예…
아주 보이지도 않는 작은 나라…
그것도 모자라 또 반을 가르고…
그런데… 이 작은 나라에 항상 배가 산에 있지예…
참… 신기하지예…

없는 것도 서러운데
맘이라도 맞추면서 살아가야 안 될까예…

참 男들~

요즈음… 세상 참 많이도 좋아졌어예.
남성 여성을 따질 그런 구태연한 세상은 아니라는 말이지예.

누구도 과거가 중요하다고 하니 아지매도 과거 조선 시대만 거
슬러 올라가도 남녀칠세 부동석에 어디 감히 남정네 얼굴이나 똑
바로 쳐다볼 수 있었나요?
하물며 아지매 학창 시절에도 남정네하고 몇 마디 이바구만 해
도
그 뒷 감당은 처절했어예…
그래서 그런지 저도 그때 못한 한을 풀려고 지금껏
남정네라면 사족을 못 쓰는지 모르겠네예… ㅎㅎㅎ

요즈음 여성분들이 심하다구요?
그렇다면 할 수 없지만

그렇다고 남정네분들은 심한 분이 없나요?
여성에 대한 적개심으로 여성들을 무참하게 살해하고
그것도 모자라서 먹기도 했다니…
차마… 입에 올리기조차 어렵네예.

그럼… 과거사가 중요하다 하니… 과거로 가보면
어디 우리 여성들이 대접받고 살았는 적이 얼마나 있었나요?
가까이 우리 어머니들을 한 번 보세요…
교육이나 제대로 시켰나요?
그리고 여자라서 천대받은 적은 또 얼마나 많았나요?

그래요… 너무 지나친 여성도 있어요…
여성이 지나치게 행동했을 땐… 상대방도 지나친 행동이 있었
을 거여요…
모든 상황은 항상 상대적이라는 것도 생각해 보셔야죠.
어느 분 말씀처럼… 남성의 갈비뼈를 빼서 여성을 만들어주셨
다면
소유하기 위해 군림하기 위해 만든 것이 아니라
나란히 함께 가기 위해 만들어준 건 아닐까요?

세상의 반은 여자 또 반은 남자…
신기하게 어느 한 균형이 깨져도 견딜 수 없는 불협화음이 생기
지요…
멀지 않은 인생

사랑합시다~
저는 남성분들을 어마어마하게 사랑합니다.

야들야들한 아지매

님들께서 하도 아지매를 보고 아지매가 아니라고 해서
아지매에 대한 정의를 국어사전에서 찾아봤어예.
그랬더니 이렇게 되어 있네예.
◎ 어버이와 같은 항렬의 여자
◎ 아저씨의 아내
◎ 비슷한 말 아주미…

그럼 어버이와 같은 항렬의 여자면 어무이…
우리 두 놈이 나를 그렇게 부르니 맞고요.
또 아저씨의 아내… 모두들 우리 남편을 보고 모르는 사람이나
아는 이웃이 아저씨라고 부르데예.
그럼 확실한 아지매 맞지예.

사실 제가 쫌 너무 거침없는 솔직함이 있어예.

여자이면 그래도 내숭 정도는 필수는 아니더라도
교양 과목으로 들어뒀어야 하는데…
워낙에 남정네 속에 묻혀 살다 보니까 본성을 잃었던 것 같아
예.

부시의 아내 로라는 술꾼에 개망나니였던 남편을
우연히 도서관 사서 일을 볼 때 만났다지예.
그때 혼기가 늦은 로라는 부시를 새로운 인물로 만든 장본인인
데
그녀의 집착, 평온, 현명함은 널리 알려져 있지예.
아지매도 로라만큼 지혜를 갖고 살고자 하는
남편을 잘 내조하는 아내인 건 분명하고예.
그리고 한석봉 어머니만큼 자식 교육 또한 엄한 구석도 있지예.

자랑이 아니라 있는 그대로입니다.
남편은 10년이 넘게 저와 살고 있는데
신혼이나 지금이나 한결 같아예.
그래서 제가 아무것도 보잘 것 없는 나를 어찌 그리 생각하냐고
물었더니
그때나 지금이나 순수하고 솔직한 게 여전히 맘에 든다고 하더
라고예.
그리고 보니 아마도 이 아지매의 Trade Mark는 솔직함인 것
같아예.

지수님은 확실하게 누드 사진 한 장 올리라고 하는데
그건 어렵지 않아예. ㅎㅎㅎ
하지만 아지매 삼등신 몸매 보면 뭐하겠어예.
더운 날씨에 더 짜증만 나지예…

앞으로는 아지매의 거침없음을 쪼금만 이해해 주시고예.
아울러 저도 좀더 님들께 야들야들한 모습으로 다가갈께예…
우째… 닭살 돋지 않아예~

신 고 식

오랜만이지예~

아지매 쪼금 바빴어예… 다 먹고 살자고 설쳐대는 거니까 이해
해 주이소예…

그리고 지난 토요일날…

모임에 가기로 약속하고 못 가서 죄송합니더예.

새롭게님이 무척 열심히 마련한 자리라 꼭 가고 싶었어예.

그런데… 아직 울 남편 눈에는 아지매가 이뻐 보이는지

혹시~멋진 주시님들 보고 반할까봐.

ㅎㅎㅎ 쫄더라고예.

그래가 아지매 가지 말라고 치맛자락 부여잡고

애원하는 바람에 다음 기회로 미뤘어예.

아직 우리 남편 눈에는 아지매에 대해 꽁깍지가 벗겨지지 않아
서

아지매 엄청 구속받고 살아예.

그것뿐이 아니라예.

아지매도 국제 사회에 발 맞추기 위해 공짜 외국인 영어 선생님이 오거덩예.

있잖아예… 선교사 선상님… 아지매 공짜 아니면 안 하는 거 알지예… ㅎㅎㅎ

그런데 그 눈 새파란 남정네가 아지매 이상한 눈으로 안 봤냐고 하는 거 있지예.

아무래도 우리 남편은 치료를 쫌 받아야 할 것 같아예.

밤에 힘도 좋은 남정네가 뭔 자격지심인지 모르겠어예.

ㅎㅎㅎ 이건 연구 대상으로 남겨두고예…

사실은… 아지매 컴터 억쑤로 좋은 걸로 바꿨어예~

자랑하고 싶어서예.

우리 주시기하는 님들은 컴이 애인이나 다름없잖아예.

돈이 좋기는 좋네예.

맨날 꼭 결정적인 순간에 뻑 먹어서 엄청 열받았는데

이젠 그런 걱정은 필요 없게 됐어예.

영고니님이 들려주는 음악 소리 죽이고예…

님들이 쓴 글 너무 아름답게 보여예…

아지매 이 세상 다 가진 것 같아예…

이 컴이 꼭 아지매 성공시켜

'1억 잃고 100억 맹근 백수 아지매'

탄생시켜 주길 바라고픈 아지매 늦은 밤 소망이었어예~

하루를 빠이빠이하고

오늘 하루도 무사히 갔네예.
아침부터 지금까지 설쳤지만 남는 건 없었네예.
단지 힘만 빠졌고 긴 한숨만이 지친 아지매를 대신하네예.
그기다 다우 총각하고 나스닥 처자가
뭔일로 부부 싸움을 하는지 저토록 깽판 쳐버리면
내일 거래소 아자씨 코시닥 아지매 우짜라고 저 난리지예?

하기사… 부부 싸움은 칼로 물 베기라 했으니까…
혹시 알아예.
이불 속에서 몇 번 뒹굴고 나면
낼 아침에는 다우 총각 힘 쫌 내서 벌떡 세워놓을지…

참… 주시기 어렵네예.
알 듯 말 듯 알쏭달쏭

올 듯 말 듯 줄 듯 말 듯
요리조리 조리요리
신기하고 알 수 없는
재미있는 주시기라예.
끊어버리자니 본전 생각나고
그렇다고 접어버리자니 못 잊고…

신이 인간에게 준 가장 큰 선물이 망각이라는데
아지매는 다른 거는 다 잘도 잊는데
왜 주시기는 잊어지지가 않는지 모르겠어예.

호수가에서

요새 아그들 낼부터 시험이라서 아지매 쫌 한가해예…

갈차 주는 것도 지겹워 죽겠는데

우짭니꺼 배운 게 도둑질이고 더러븐 팔자라서 그런걸예.

그래가… 머리도 좀 사쿨겸 해서

아지매 골 아플 때만 찾아가는 곳이 있어예.

어데냐꼬예…

울 동네 가까이에 쪼매난 물 웅덩이가 하나 있거덩예.

사람들은 그기를 백운 호수라카데예.

밤에는 꼬리한 사람들이 와가 데이뚱하고예.

휴일에는 가족끼리 가가 보트도 타고 맛있는 것도 먹고 그라데
예…

근데… 우째된 게 아지매는 실플 때만 찾아가예.

얼마 전에도 물 웅덩이에 갔어예.

우리 집 큰놈 지 힘만 믿고 전교 회장 나가가 미끄러져가
그래도 꼬치 달았다고
"어무이요, 어데 가서 울 떼 없씸니꺼?"
그래가 그 물 웅덩이 갔어예.
갔더마는 억우야꼬 울데예…
그래가 아지매는 돈 꼴았는 거 생각카면서
둘이 부둥켜안고 억쑤로 울었어예…
지나가는 사람 다 쳐다보데예…
쳐다보면 더 크게 울었뿌니까 빨리 지나가데예…
그런 아련한 추억이 있는 곳이라예…

근데 오늘도 갔어예…
밤이라서 그런지 휘황찬란하데예…
춘년 정신 못 차리게 하는 거 있지예.
그라고 전빵문 앞에서 저거 집에 들어오라꼬
꺼잡아 땡기는 아자씨들이 아지매 막 헷갈리게 하데예.
그런데… 들어가 보니까 별로 사람들이 없었어예.
아지매 막 걱정이 되는 거 있지예…
이래가 우리 식구들 우째 묵고 사노…
봉급은 지때 주는강…
아지매 엄청 걱정했어예…

아지매 오늘 호숫가에서
우리 갱제를 피부로 느끼고 왔어예…

싸 나 이

아지매 젤로 억울한 게 아지매로 태어난 거라예.
지금쯤 싸나이로 태어났더라면
많은 뭇 여성과 스캔들은 물론이고
아마도 천하를 휘두를라꼬 했을끼라예. ㅎㅎㅎ

그런데 우리 싸나이 아자씨들 오늘 게시판에서 하는 것 보고
아지매 쪼매 실망했어예.
그래도 주식 판때기 본다카면 한 가닥 한다 아닙니꺼예.
쫀쫀하게 뭐시기 사상이 어쩌구 맘에 안 들구 어쩌구
니 잘났고 어쩌구 밥 잘 묵고 살아라 어쩌구…
우리 그카지 맙시다예.
이 판때기 보는 아재 언니들 모두 상처 없는 사람 어디 있어예.
안 그래예?
생각 다를 수 있잖아예.

내 뱃속에서 난 놈도 내하고 똑같이 안 생겼고
생긴 것 다르니까 생각도 다를 수 있잖아예.
언니 아재예
우리 갈 때까정은 지살 지가 뜯지 말고
윈 윈 합시더예~

좋은 주말 보내시고예.
지수님하고 계림님하고
수리산에서 쐬주 풀고 노래 한 곡 해보고 저녁달 한 번 보이소
예.
어제보다 오늘 달이 더 밝을끼라예…

삶이 그대를 속일지라도

늦게 팍스넷에 들어와서
이곳저곳 님들의 글을 읽으니 맘이 아픕니다.

밤섬님의 살인 동기는
누구나 한 번쯤 생각해 봐야 할 일이라 여겨지네요.
아무리 돈이 좋고 빽이 좋아도
위아래를 모르는 망나니는 분리수거를 해서 재활용으로 쓰일지
모르겠지만
그렇게 하는 게 나을 것 같네요.
복수 3님의 생활고는 지금 우리가 겪는 현실이지요.
지갑에는 빈 카드만 여러 겹 꽂혀 있고
차마 신용 불량자가 되지 않을려고 앞돌 빼서 뒷돌 공구는 형국
이지요.

무엇보다 가슴 아픈 건
그래도 우리네 주시기쟁이들이 아닌가 싶네요.
어쩌다 이런 길을 알았는지 원망하고 싶지만
이제… 그렇게 하기엔 너무 늦어버렸고
여기서 살아 남아야 하는데 그러기엔 너무 처절합니다.
아지매도 언젠가는 뒤돌아서서 오늘을 후회할 것 같아 두렵기
도 하네요…

님들! 어려울수록 용기를 가져봅시다.
종지도 내려가다 내려가다 내려가 보면 턴할 때도 있겠지요.
마치 인생처럼 말이예요.
인생도 내리막이 있으면 오르막도 있잖아요.
산 입에 거미줄치지 않는다는 속언도 있듯이 설마 죽기야 하겠
습니까?

그런데 여기에는 마음이 따뜻한 가장이 참 많네요.
부모님을 모시고 살아가는 아름다운 아버님들 말입니다.
아마도… 신은 결코 이들을 저버리지는 않을 겁니다.
아직까지 정의가 승리하고 있으니까요…

비

하늘위의 하느님도 화가날때 있나봐요
하늘아래 어린양들 무슨잘못 그리많아
좁디좁은 땅덩거리 어찌그리 이곳에만
울었다가 그쳤다가 며칠날을 이러잖소

아지매는 소인이라 빨래감이 안말라서
입힐속옷 신을양말 겹겹이들 젖어있어
선풍기로 말려보고 어쩔줄을 모르는데
장대처럼 퍼붓는비 그칠줄을 모르네요

어찌해서 이러는지 알고봐야 할것같아
하늘향해 고개들고 목청놓아 물어보니
화려했던 옛수도를 옮기는게 서글퍼서
오천년의 역사들이 떠돌면서 운다네요

청와대… 게시판에 한번 올려봤어요.
설마… 조사 나오진 않겠죠…^^

얼굴 마담하고 노는 것보다 새끼 마담하고

어떻게… 님들 잘 지냈어예?
아지매는 뭘 하는지 쪼금 바빴어예.
요즈음 같은 장 참 어렵지예.
하루를 주시기 품고 잘 수가 있겠어예?
그 무슨 봉변을 당할지 모르는데예.
자고 나면 유가가 어떻고 실적이…
다우하고 나스닥은 별거라도 할 모양새고
너무나 힘든 장이지예…

훌륭한 고수분들이 시장에서는 수급의 논리가
우선이라고 부르짖잖아예.
하기사 많이 달라붙어야
오르던가 내리던가 무슨 수가 나지예.
그래서 그런지 상승장에서는 우량주가 힘을 쓰지만

이런 하락장에서는 이름도 성도 없는 잡주들이 난리를 치는 것
같아예.
사실 얼굴 마담 삼송이 빼어난 미모를 가진 건
두말 하면 잔소리고 세말 하면 입이 아프지예.
하지만 맛이 없잖아예…
그러다 보니 얼굴 마담은 얼굴만 팔고
야들야들한 새끼 마담들하고 노는 것 같아예.
나중에 쥐약이 한 사발 기다리고 있는 것도 모르고 말이지예.

아지매 관심창을 한 번 열어봤어예.
어디서 온 것들인지
국적도 출신도 알 수 없는 것들로
한 빼까리 자리하고 있네예.
참~아지매도 묵고 살려고 이러는 현실이 너무 가슴 아프네
예…

개미, 제비, 소나무, 도라지, 장미, 나비…

흔히 태풍은 북태평양 서부에서 발생한
열대 저기압 중에서 중심 부근의
최대 풍속이 17㎧ 이상 강한 폭풍우를
동반하는 것을 말한다고 하네예.
그리고 태풍의 이름은 우리 나라와 북한이 미리 정해 놓았다가
태풍이 발생하면 차례로 불려진다고 하네예.
그래서 맨처음 태풍의 이름을 붙인 곳이
미국의 괌에 있는 태풍합동정보센타인데
거센 이름을 잠재우기 위해 부드러운 여자 이름을 썼다지예.
그런데 아지매들의 거센 반발로 남정네 이름도 만들어졌다네예.

휴… 아지매 해킹해서 잘난 척하기 힘드네예… ㅎㅎㅎ

작년 9월 매미를 생각하면 지금도 가슴이 아파예.

그 이후 삶의 터전을 많이 빼앗겨
경제가 더 어려워지지 않았나싶어예.
사실 불리는 이름이 운명을 좌우한다고 하잖아예.
매미는 하루를 울기 위해 7년을 땅 속에 묻혀 있었으니
얼마나 한이 많았을까예…

이번 7호 민들레는
북한이 세계기상기구(WMO) 산하 태풍위원회에 제출한 이름이
라네예.
민들레는 초롱꽃목 국화과의 쌍떡잎식물 여러해살이풀로
잎은 식용으로, 뿌리는 한방에서 해열, 건위제 등
약용으로 사용된다네예.

그의 꽃말을 보면
어느 옛날 왕이 살았는데
그는 신하나 누구에게도 권위를 갖지 못했어예.
왜냐면 단 한번만 명령할 수밖에 없는 운명을 타고 났거던예.
어느 날 왕은 몰래 궁궐을 빠져나와 마을을 돌아다니던 중 한
가정을 보았어예.
미천한 백성조차 가장의 뜻에 따라
아이들 공부시키고 농사짓고 집안 일을 결정하고 명령을 하는
것이었어예.
초라한 움막에 사는 백성의 처지가
화려한 궁궐에 사는 자신의 신세보다 천만배 낫다고 생각한 왕

은

심한 우울증에 빠졌지예.
그래서 왕은 자신을 이렇게 만든 하늘의 별들을 원망했어예.
저 별들을 복수할 수 없을까?
몇 날을 궁리하던 중 그는 좋은 생각을 떠올렸어예.
회심의 미소를 지으며 별들을 향해
"이 못된 별들아! 모조리 떨어져 땅 위의 꽃이 되거라.
 내 너를 밟아주리라."
왕은 일생에 단 한번 할 수 있는 명령을 별들에게 던진 것이지
예.
물론 별들은 우르르 땅에 떨어져
노란 빛의 민들레가 되었어예.
그리고 왕은 양치기로 변해 그 꽃을 밟고 다녔다지예.

꽃말 유래처럼이라면
아름다운 별들이 쏟아져 만들어진 꽃이니까
아름답게 스쳐 지나갔으면 좋겠어예~

날씨… 죽인당

올해는 극심한 폭염이 될 거라고 하더니…
주시기 예측은 잘도 빗나가더만 우째 이런 거는 잘도 맞네예.
아지매는 주시기한테 꼬랑내나는 빤쭈까지 뺏길 형국인데
날씨까지 아지매를 날마다 싸우나시켜 주네예…

그런 데다가… 우리 집… 맷집 좋은 큰놈은
사춘기가 돼서 그런지 땀냄새하고 꾸리한 냄새가
아지매 잡아묵겠네예…
오죽하면 작은놈이 견디다견디다 못해…
"행님아… 돼지 콜레라 냄새나서 못살겠다… 좀… 씻어라."
그라네예…

참… 이런 분위기에서도 묵고 살자고
자판 끌어안고 뭐하는지 모르겠네예…

언제쯤… 피서를 방콕만 하지 말고
더도 말고 덜도 말고
시원한 계곡에 발 담그고 세월아 네월아 노래 부르고 장단 맞출
날이 올까예~

인생… 진짜…
짱~나네예

가재잡이

님들… 오랜만이네예.
아지매 휴가 다녀와서 인사가 늦었지예.
이쁘지는 않지만… 이쁘게 봐주이소예~^^

와~… 해운대 바다다.
보기만 해도 상큼했어예…
그 동안 주시기한테 시달린 내 모습이 땡빛에 나오니까 더 빛나데예.
그곳에 쭈쭈빵빵하고 싱싱한 조개들 앞에
아지매는 쪼매 시들시들한 조개더라구예…
그래도 싱싱할 때는 제법 빵실빵실한 방구다이를 갖고 있었는데…
어쨌던 나이 앞에는 장사 없는 것 같았어예.

그런데… 조개도 조개지만
와 그리 멋진 가재들이 많아예~
아지매 눈을 어디다 박아야 할지 모르겠더라구예.
차인표 근육에 유호성 마스크에 동건이 오빠 긴 다리
또 하나 빼놓을 수 없는 북실북실한 터래기…
와… 꿈속에서나 볼 수 있는 장면인 것 있지예.
그래가… 아지매 왜 우리 나라 법은 일부일처냐고…
일처다부제는 왜 안 만들었느냐고 막 원망을 하고 있었어예…
그런데… 갑자기 뒤통수에 번개가 치는 거라예…
울 남팬이 아지매 정신 차리라고 헤드 펀치가 왔네예…
휴~엄청 아팠어예.

그래서 아지매가 울 남팬한테 물었어예.
당신은 저 싱싱한 조개들이 눈에 안 들어오느냐고…
그랬더니 남팬이
"저 싱싱한 조개가 맛간 가재한테 와 오겠노.
 그러니 아지매도 정신 차리레이~"

맞아예…
쓸데없이 바깥 공기 쐬다가
사랑하는 주시기 잊을까봐 얼렁 돌아왔어예.

7층까지~Let's go

으ㅎㅎㅎ… 엘카

어제 엄청 개피 보고 두 번 다시는 안 쳐다보리라.

이빨 깨물었는데…

오후에 살짝 들여다보니 뱀쇼에 상한가…

으ㅎㅎㅎ… 아지매 가슴팍 다 뽀개졌어예.

복도 복도 지지리복이네예.

미련 두지 말자고 이빨 깨물었어예.

죽은 자슥 불(꼬치…? ㅎㅎㅎ) 만지기 아니겠어예.

차라리… 아지매한테는 안 당하겠다는데~어쩔 수 없지예.

그래서 맘이라도 달랠 겸

엘리베이터만 실컷 타봤어예.

아침에 빙님이 5만냥 깨지면 한 번 올라타 보이소 해서

진짜… 49,100냥까지 내려오네예.

성질 급한 아지매… 얼렁 50,000냥 올라타고 6층까지 갈끼라고
꿈에 부풀었는데…
빙님이 자꾸…
"아지매, 엘리베이터도 정거장이 있씁니더…
적당한 정거장에 내려서 다시 갈아타이소~"
하데예.

어제 빙님 말 안 듣고 똥고집 피우다가 속이 숯검정 돼서
얼른 내렸어예… 51,000 정거장에서…
이것저것 떼고 나니 남는 것도 없네예.
그런데… 빙님이 사라고 한 인터파크를 2,240 사두고 깜빡했어
예.
엘리베이터만 신나게 타다가…
아이쿠 싶어 보니… 2,290냥에 와 있네예.
기냥… 날렸지예.
만약 보고 있었더라면 2,160까지 갈 때 손절했을긴데…
모르던 게 약이 됐네요.
그래서 가방 끝 길다고 주식 다 잘하는 것은 아닌 것 같아예.

다시… 엘리베이터를 탈려고 준비했어예.
49,000냥… 잡았지예.
와~속도감 있게 올라가네예.
51,000냥까지…
다시 내려오네요… 47,500까지

와 아찔하네예.

겨우… 48,250… 멈차났는데…

스토리로 보면 영 아니지예.

장대 음봉에, 대량 거래에… 악 조건만 갖추고 있네예.

그라고 지금 ecn 거래에서도 떡되고 있네예.

근데… 이상하게 내리기가 싫네예…

그냥… 필이… 꼭 7층까지 올라갈 것 같아예.

망개 아지매 생각이라도

지빨~월요일은 로케트 한 발 나오면 소원이 없겠네예…

복수혈전

상큼한 아침이 시작됐어예…
그 동안 엉성시러운 방학 페스티발이 끝나고
우리집 두 놈이 즐거운 맘으로 핵교를 갓거덩예…
두 놈도 지긋지긋한 라면 깜빵 생활을 마무리짓고
마음껏 떠들 수 있고 맛있는 급식을 먹을 수 있는 핵교로 향하
는 발거음이 가벼웠어예.

아지매도 빙님이 틀어준 람바다에 맞춰
방구다이를 함 흔들고 시작 준비를 했지예.
그런데… 나이는 못 속인다고 예전만큼 싹싹 방구다이가 흔들
어지지 않았어예.
세월이 쪼매 원망시럽데예…

으흐흐흐… 어제의 엘카…

생각만 해도 도저히 용서가 안 되었어예.

그래서 함무라비법전에 나오는 달리오의 법칙대로

"눈에는 눈 이에는 이…"

엘카에 대한 복수혈전을 계획했지예.

빙님은 용서할 거는 용서하고 세상에 널린 게 주시기라꼬

아지매가 이해하라꼬 했지만… 용서가 안 되었어예.

참~애널도 못할 짓 같았어예.

한 사람 한 사람 다 맞차서 끌고 가기도 힘든데…

옆집 부부 싸움까지 챙겨줘야 하니…

뭔 얘기냐 하면예~

장중에 빙님 사무실 옆집에 심하게 부부 싸움이 났는기라예.

그래서 빙님이… 옆집 부부 싸움 수급 붙었다고

저렇게 부부가 서로 매도하면 투매 일어난다고 여간 걱정이 아
니었어예.

띨빡한 아지매 하나 끌고 가기도 힘든데 말이라예…

결국 빽차 와서 그 집 부부 싸움은 마무리됐다고 안도하더라구
요.

빙님도 묵고 살기 어려운가봐예.

온갖 다 신갱 써야 하니 말이라예… ㅎㅎㅎ

아~… 엘카

도저히 용서 못하지예.

오늘은 작전을 아예 노출시키네예.

아침에 자꾸 오르는 게 수상하다고 엄포 공시에도 눈 하나 까딱

안 하고 16,000냥에 돗자리 깔고 눕데예…

아지매 인정사정 볼 것 없다… 16,300… 확 잡았지예…

억시리… 기분 째지데예.

그런데… 2시가 넘어가면서 또 한번의 뱀쇼를 벌일려고 하네예.

그래… 이제 복수했으니까… 반찬값이나 벌자 하고 16,400냥 잡아줬어예.

아… 그런데 16,900… 종가 관리까지 해주네예.

아지매 욕심이 막 생기네예.

낼 쪼매만 더 땡길어주면 괴기 반찬 살 수 있는데…

설마… 관 속에 들어가더라도 아지매한테 총 쏘고는 안 가겠제…

하고 놔뒀는데 내일이 기대되네예.

지발~낼 괴기 사서 지글지글 굽어묵어야 할낀데…

성 교 육

요즈음은 세상 참 좋아졌어예.
아지매 핵교 댕길 때는 남정네하고 빵집에서
같이 이바구만 해도 학교 오지 마라카는
엄격한 법이 있었어예…
뭐냐꼬예… 정학이라카지예.
선생님이 며칠만 집에서 쉬고 오라카믄 유기정학이고
니는 마 인간 안 되니까 니 꼴리는 대로 해라카믄 무기정학이고
예…
그야말로 집이 깜빵소라예~
참 재미있던 시절이지예.
그라이 더 남정네가 그립고 궁금해서
아지매 늘 눈을 돌리면서 다녔다 아닙니꺼예… ㅎㅎㅎ

그런데… 요새 아들은

성교육이 수행평가에 들어간다꼬카네예.

중학생은 물론이고 초딩도예…

우리 집 큰놈이 초딩 6년인데 덩치가 장난 아니라예.

애비 닮아서 키가 175cm에 근수가 70kg…

한마디로 몸짱이지예…

아지매 한 풀었어예. 아지매는 삼등신이거덩예…

ㅎㅎㅎ

이 큰놈이 학교에서 성교육 프로그램 공부를 했다네예.

성폭행당하는 장면도 있었고 성추행하는 부분도 있었다네예…

이걸 다 보고 나서 선생님께서 설문지를 주시면서 적으라고 했다네예…

문제는… 만약 당신이 성폭행을 당했다면 어떻게 할 것인가요?

4가지 방법을 적으라고 했다네예…

그래서 우리 큰놈이 이렇게 적었다고 자랑스럽게 이바구하데예.

1. 상대방이 나한테 한 만큼 되돌려 준다.

2. 보디가드를 고용한다.

3. 경찰을 부른다.

4. 비명을 지른다.

참 아지매 짜슥이라서 그런지 기발한 발상이더라고예.

그런데 이걸 친구들이 정답인 줄 알고 자기 걸 해킹하더라네예…

하하하…

요즈음 딸 가진 부모님들은 늘 걱정이 많다네예…
우짰던지 아들놈들 똑바로 교육시켜야겠어예.
그래가 아지매는 확실하게 가리킨다 아닙니꺼예…
꼬치는 책임과 항상 정비례 법칙이 적용된다꼬예.

아지매 오늘 유니슨 일마한테 당했는데
낼은 꼭 당한 만큼 돌리줄끼라예…
ㅎㅎㅎ

아지매 뭐 묵고 살꼬

아지매 좋아하는 만두는 쓰레기라 못 묵고
손까락 가지고 집어묵는
김밥은 대장균 아자씨가 들어서 못 묵고
라면은 스프가 지랄이라 못 묵고
돼지고기는 콜레라 걸려 못 묵고
닭고기는 독감 걸려 못 묵고
소고기는 묵으면 미친다캐서 못 묵고
김치 담가 묵는 고춧가루는 색깔 구라쳐서 못 묵고
조기는 황금색 입혀서 못 묵고
게는 뱃속에 쇠떵거리 들어서 못 묵고
부대찌개 들어가는 햄은 말소 시한 어겨서 못 묵고
그라고 주식 판때기는 더러버서 못 묵고…

도대체 아지매 뭘 묵고 살아야 되겠어예?

아지매 지론이 묵는 게 남는 건데
앞으로 아지매 무슨 철학으로 살아야 할까예~

만두찬가(饅頭讚歌)

지난번엔 광우병에 엊그제는 조류독감
이번에는 만두속에 쓰레기를 넣었다니
먹고나서 깩깩한들 무슨소용 있을까나
아무것도 잘못없는 손만두만 애닳구나

호위호식 하는양반 만두한번 먹어봤소
서민들이 먹는거라 아무거나 넣지마소
없는것도 서러운데 먹는걸로 장난치면
굼벵이도 밟으면은 꿈틀한다 하지않소

모진풍파 다이겨내 웬만한거 소화하고
쓰레기가 들어와도 중금속이 들어와도
아무것도 모르는냥 끄덕없는 우리인생
길들어진 면역성이 이럴때는 필요하네

9시 뉴스 보니 아나운서가 얼마나 답답했으면
자기도 손만두 시켜 먹었다고 할까예.
지난번엔 닭갈비 아자씨패가 망신시켰는데
이번에는 손만두 아지매 이런 일 없었으면 좋겠어예.
아지매 남팬하고 야참으로 손만두 먹으러 갑니데예.
같이 갑시더예~

상한가… 독립만세~

아침부터 엄청시리 바빴어예.

애널인지 아날인지 한다고 정신이 없어예.

아침 굶는 것은 기본이고 점심은 잊은 지가 벌써 오래 됐어예.

그럼 떡대 같은 두 놈은 어찌하냐꼬예?

내 인생도 못 챙기는데 앞날이 구만리 같은 그놈들까지 신경 쓸 거 있어예?

엄마 맞느냐고예?

모르겠어예. 우리 집 두 놈도,

기압 좀 넣으면 저를 '형님' 하고 부르데예… ㅎㅎㅎ

남들은 아지매가 굶는 것이 살도 빼고 쌀값도 축내지 않아서 좋겠다고 하는데

아지매 지론이 묵는 것이 남는 거라는 원칙에 너무나 어긋나고 있어예.

그런데 할 수 없지예.

우리 방 회원님들 상한가 안 주면 아지매 밥 만 묵고 상한가도
못 만들어예.

하고 따지면 무섭잖아예^^

우짜겠어예!

이 한 몸 굶어서 상한가 찾아야지예…

오늘도 아침에 바짝 신경썼어예.

제… 주특기 시초가 매매 성공률이 100%인데

오늘도 헛다리 짚으면 골로 가니까…

눈 시뻘겋게 해가지고 숨막히는 9시였지예.

요시땡~

자판을 막 뒤집었어예.

어젯저녁부터 꼬불쳐 놓았던 한 놈을 꺼집어냈어예.

그런데 우리 방님들…

오버나잇 종목 풀 질러놓고 2만냥 3만냥 갈 거라고

아예 시초가 종목 신경도 안 쓰네예.

감 떨어지기 기다리데예.

그런데 하늘내음님하고… 몇 분이 샀네예.

아주 눈치 빠르게 반 짜르고 반만 남겨놓았다고 자판치는

하늘내음님 보면서 뿌듯했어예.

왜냐구예?

그래도 한 분이라도 했잖아예.

아무도 안 하믄 얼마나 쪽팔리는 줄 알아예. 휴~

그리고 다행히 쪼매 상한가까지 갔으니까예.

그런데 오버나잇 한 종목을 깜박 잊었어예.

매도 싸인을 빨리 내어야 수익이 극대화되는데

그 놈의 시초가 종목 때문에…

그래도 눈치 빠른 회원님들 수익도 잘 챙기셨는데…

어제 방송에서 이 아지매가 우리 방님들한테

무조건 내 시키는 대로만 하라고 고래고래 고함질러났더니…

세상에!

하나도 매도 안 하고 그대로 갖고 있다는 장인홍님을 보면서

이 멍청 아지매를 끝까지 믿고 계시는 것에 얼마나 송구했는지 몰라예.

그러잖아도 수익을 극대화해 드려야 하는데…

쪼매밖에 못 챙길 것 같아 맴이 아팠어예…

아 근데…

책 머릿글하고 사진을 명지사에 보내야 하는데

아지매가 게을러서 미루고미루고 미루다 보니…

날짜가 임박했어예.

그래가 킥써비스를 불렀는데…

이 아저씨가 우리 집이 960동인데 906동에 가서 설치고 있었나 봐예.

방송 중에 두번이나 바빠 죽겠는데…

제 핸폰에 대고 자꾸 906동이 어디냐고 하길래

저도 한 성질 한다 아닙니꺼예.

그래가 방송 마이크도 안 끄고

"아저씨, 960뚱이라 안캅니꺼?"
하고 고래고래 소리쳤어예…
겨우 집을 찾아온 아저씨가…
아지매를 보니 얄구진 츄리닝 바람으로 나와 가지고
눈이 시뻘겋게 해 있으니 엄청시리 궁금했나봐예.
그 아저씨 첫 마디가
"아지매 뭐 하시는데 성격이 그렇습니까?"
그래가 아지매 왈
"보면 모릅니꺼?"
했어예… 그랬더니 그 아저씨…
"돈 꼴았습니까?"
그러는 거 있지예.
어찌 알았는지 그 아저씨 구신이네예.

부록 1

백수 아지매 10억 만들기
매매일지

1천만원으로

♣ 백수 아지매 10억 만들기(30개월 목표)♣

1개월 10,000,000×1.2=12,000,000	16개월 154,070,214×1.15=177,180,746
2개월 12,000,000×1.2=14,400,000	17개월 177,180,746×1.15=203,757,858
3개월 14,400,000×1.2=17,280,000	18개월 203,757,858×1.15=234,321,536
4개월 17,280,000×1.2=20,736,000	19개월 234,321,536×1.15=269,469,766
5개월 20,736,000×1.2=24,883,200	20개월 269,469,766×1.15=309,890,231
6개월 24,883,200×1.2=29,859,840	21개월 309,890,231×1.15=356,373,766
7개월 29,859,840×1.2=35,831,808	22개월 356,373,766×1.15=409,829,830
8개월 35,831,808×1.2=42,998,169	23개월 409,829,830×1.15=471,304,305
9개월 42,998,169×1.2=51,597,803	24개월 471,304,305×1.15=541,999,950
10개월 51,597,803×1.2=61,917,364	25개월 541,999,950×1.15=623,299,943
11개월 61,917,364×1.2=74,300,837	26개월 623,299,943×1.1=685,629,937
12개월 74,300,837×1.2=89,161,004	27개월 685,629,937×1.1=754,192,931
13개월 89,161,004×1.2=106,993,204	28개월 754,192,931×1.1=829,612,224
14개월 106,993,204×1.2=128,391,845	29개월 829,612,224×1.1=912,573,447
15개월 128,391,845×1.2=154,070,214	30개월 912,573,447×1.1=1,003,830,791

* 1~15개월까지 월 20%씩, 16~25개월까지 15%씩, 25~30개월까지 10%식 계산함.

* 2004년 12월 30일 1천만원으로 시작, 2005년 2월 28일(2개월) 현재 수익 18,585,000원 (원금 천만원 제외), 2개월 목표액(4,400,000)의 420% 달성중.(18,585,000÷4,400,000=4.2)

(cafe.daum.net/bsmoney10 및 http://www.e0.co.kr 참조)

안녕하세요?

백수 아지매 따라하기방이 만들어졌습니다.

오늘부터 기본 자금… 천만원으로 10억 만들기가 시작되었습니다.

우리방 회원분들도 저와 똑같이 매매를 합니다.

절대 미수는 쓰지 않고요.

그날그날 데이 정신에 입각해서 합니다.

저는 실제 매매가 아니라 가상 매매이며 우리방 회원님들은 저의 매수가와 수량을 그대로 따라하는 매매입니다.

그럼… 오늘 첫날 결과를 말씀드리겠습니다.

아침… 9시 5분쯤

옴니텔… 2,970 매수 1,000주 매수했습니다… 더 내려갔지만 홀딩해서 10시쯤… 3,140… 전량 매도

그러나… 상한가 갔습니다… (수양님, 강사장님… 여유되셔서 저보다 더 싸게 2,880 매수 3,245 상한가 매도)

저는 그 금액으로 현대건설 15,300… 500주 매수했구요.

종가… 15,550… 전량 매도

싸이버텍… 860 매수 860 매도… 3,000주

*그러나… 우리방님들은 850 매수… 900 상한가 홀딩

저는 그때 현건 500주가 있었고

마크로젠 수급 붙는 걸 보고 마크로젠을 사기 위해 싸이버텍을 팔았지요.

그런데 24,000 매수한 100주 23,500 매도…

그럼… 계산을 해볼께요.

옴니텔… 2,970×1,000… 3,140매도… 170×1,000=17만원

싸이버텍… 본전… 수수료

현건… 15,300×500… 15,550 매도… 250×500=12만5천원

마크로젠… 24,000×100… 23,500 매도… 5만원 손실

295,000-50,000=245,000(총수익)

총액… 24만5천원 수익(수수료… 얼마인지 모르겠구요…^^)

아침 일찍 퍼시텍은 매수 싸인만 내고 매매 못하고

부광약품… 14,000원 200주 매수… 상한가… 15,750 매도

성창기업… 20,300 매수 100주… 21,000 매도

한화석화… 10,500… 500주 매수… 200주는 10,450 매도… 300주 보유… 종가… 10,550

신성이엔지… 3,300… 1,000주 매수… 3,330 매도

그럼… 계산해 볼께요

부광… 14,000 매수… 15,750 매도… 1,750×200=35만원

성창… 20,300 매수… 21,000 매도… 700×100=7만원

신성… 3,300 매수… 3,330 매도… 30×1,000=3만원

한석… 10,500… 10,450 매도… 50×200=만원 손실… (성창기업 사기 위해)

한석… 10,500 매수… 10,550… 50×300주… 홀딩… 50×300=15,000원… 수익

수익금… 455,000원…

이틀 동안… 천만원으로 70만원 수익…

현재… 1천70만원…

케네텍… 11,400 매수… 12,000 분출했지만… 11,600 매도(자금 부족)
인터플렉스… 19,100 매수… 19,350 매도… 수급이 안 붙어서
대우증권… 5,450 매수… 5,750 매도
텔레칩스… 7,050… 7,130까지 갔지만… 7,000 매도… 자금 부족
사조산업… 9,250 매수…
한화석화… 10,500 매도
계산하면
케네텍… 11,400×200… 11,600원… 200×200=4만원
인터… 19,100… 19,350 매도… 250×200=4만5천원
대우… 350×500=17만5천원 수익
텔레… 50×300=15,000원… 손실
한석… 본전 매도
오버나잇 종목… 사조… 9,250… 300주
대우 재매수… 5,700… 500주
수익금… 245,000원
총액… 1천… 945,000원
우리 회원님 중… 겨울사랑님이 저와 똑같이 하셔서
현재… 3일 동안 저와 수익이 비슷하다고 합니다.

간단히 적겠습니다.

마크로젠… 28,300… 100주 매수… 30,550 상한가 매도.

삼양옵틱스는 매매하지 않고 무료 방송 오신 분만 했구요.

어제… 사조… 300주 보유

한솔씨엔씨… 1,750 매수… 1,000주 보유

마크로젠… 2,250 수익×100=22만5천냥

사조 아직 매도하지 않음… 수익권

한솔… -권이나 매도하지 않음.

오늘 수익… 22만5천원

현재… 117만원 수익

총액… 일천백십칠만원

아침 일찍… 어젯저녁 방송에서 말씀드린… 시초가 종목 셋톱 박스 대장이 될 거라고 공략하자고 전략을 세웠지요.

제가 시초가 매매 종목은 전일 공개하지 않는데… 처음 공개, 정확히 상한가.

한단정보통신… 2,220 매수… 1,000주… 상한가 전량 매도… 2,325냥

금요일 오버나잇… 액토즈소프트… 17,150… 200주… 18,000원 매도

서울식품… 6,740… 100주… 6,650 매도

그럼 계산하면요.

한단… 105×1,000=105,000원

액토즈… 850×200=17만원

서식… 90×100=9천원 손실

그리고… 마크… 34,300… 100주 보유

현대건설… 17,850… 200주 보유

수익… 266,000원

총액… 1천2,101,000 수익금=2백10만천원~7일 매매 수익입니다.

마크… 31,200 매수… 100주… 33,350… 상한가 매도

기륭전자… 7,450… 500주… 7,550… 매도

성창… 19,700… 전일 매수… 매도했다가 재매수… 100주… 20,700 매도

대우… 5,780… 300주 매수… 5,730… 매도(50원… 손절)

액토즈… 300주… 보유

마크… 100주… 보유

계산하면요…

마크… 2,150×100=21만5천원

기륭… 100×500=5만원

성창… 1,000×100=10만원

대우… 50×300=15,000원 손절

수익… 35만5천원

합계… 2,256,000원… 총수익

오늘은 박자가 잘 맞았습니다.

먼저… 아침에 삼테크… 4,300 매수… 4,400 매도… 수급이 영 아니어서… 100주

대우증권… 5,430… 500주 매수… 그대로 나오고요.

동원수산… 11,100… 200주 매수… 11,900냥 매도… 수급이 확 붙더군요… 12,500냥까지

마크… 31,200… 100주… 32,500 매도

계산하면요…

삼… 100×100=만냥

대우쫑… 본전

동원수… 800×200=16만원

마크… 1300×100=13만냥

총수익… 30만냥 수익

지금까지… 1천만원으로… 2,556,000원

보유… 기존… 마크… 100주(34,300원짜리)… 액토즈… 300주

금요일 오버나잇… 하이닉스… 12,150… 100주 매수… 12,950 매도

마크… 31,500 매수… 32,700 매도… 100주

한화석화 오버나잇… 10,800… 100주 매수… 11,000 매도

보유 종목… 하이… 100주

마크… 100주

지어소프트 상한가… 홀딩… 300주

계산하면요

하이… 850×100=8만5천원

마크… 1,200×100=12만냥

한석… 200×100=2만냥

총수익… 22만5천냥

지금까지… 2,561,000원

오버나잇 옴니텔… 넥스콘테크… 솔고바이오… 투상 축하합니다.

오버나잇 케너텍… 12,600… 300개… 13,000 매도

시초가 매매 에스디… 9,880… 300개… 10,700 매도

오늘은 무방… 현건… 300개 보유… 우리기술투자… 1,000개

산성피엔씨… 수익 극대화… 46,400… 100개 매수… 보유

계산하면… 케너텍… 12만냥

에스디… 24만6천냥

합계… 36만6천냥

총합… 4,536,000

다날… 7,650원… 100개 매수… 상한가 홀딩

이랜텍… 6,000 매수… 100개 보유

동원수산… 기존… 200개 보유

선도전기… 2,270원… 천개… 2,700… 상한가 매도

에스디… 11,450원… 200개… 11,200… 상한가 매도

우리기술투자… 1,500원… 1,000개… 1,560… 매도

손절… 대우증… 6,150 매수… 5,850원… 500개

현대엘… 46,100… 100개… 46,100원… 매도

수익… 선도… 43만원

에스디… 15만원

우리… 6만원

수익… 64만냥… 손실… 대우증… 15만냥…

합계… 49만원

지금까지 총수익… 천만원으로 25일 동안 629만원 수익

오버나잇… 12,400… 200개… 13,000 매도

오늘은 장이 지끌지끌해서… 단타만 했습니다.

대장이 없어서 대장 찾기하고 있습니다.

오늘 지어소프트… 4탕

첫번 두번… 10,400 매수… 10,800 매도… 100개… 2번

11,000… 100개 재매수… 11,800 매도

다시 11,400… 100개 홀딩

서화정보통신… 7,550… 100개 보유

계산하면요…

에스디… 12만냥

지어 3탕… 16만냥

총액… 28만냥

총수익… 666만원… 1천만원으로…

이제 투자금이 늘어나서 베팅 크게 합니다.

전일 오버나잇… 서화… 7,550… 100개… 7,700 매도

지어… 축상… 홀딩

오늘 아침… 신지소프트… 21,500… 500개 매수… 상한가까지 갔지만… 22,600매도

모빌리언스… 본전

부광약품… 본전

보유 종목… 지어… 축상… 홀딩 11,400 매수가… 현재… 12,750

계산하면요…

서화… 1만오천원

신지… 55만원

총액… 56만5천원

천만원으로… 7,225,000원…

보유 종목… 11,400… 오늘도 상한가… 14,250… 홀딩

오늘 매매 종목

콤텍시스템… 1,360 매수… 2,000개… 1,495 매도 후

1,470… 재매수… 2,000개… 보유

한익스프레스… 13,200 매수… 100개… 13,700 매도

이랜텍… 4,610 매수… 500개… 4,900 매도

동원 들어갔다 나오고

옴니텔… 점심값

6,330 매수… 100개… 6,390매도

보유종목… 지어… 콤…

지어는 수익 아직 계산 안 함… 무궁무진

콤텍… 27만냥

이랜… 15만냥

옴니… 6천냥

총액… 42만6천원

천만원으로 작년 12월 30일부터 오늘까지… 7,651,000…

오버나잇… 콤텍… 1,380원 2,000개… 1,000개… 1,715… 상한가… 1,000개 1,650 매도

지어… 11,400… 1,000개… 15,950 매도… 쓰리상

오늘… 유니슨… 9,810 매수 100개… 9,900 매도… 상한가 매도하신 분 계시고

이지바이오… 7,020… 200개 매수… 7,520… 매도 상한가

에스디… 14,100… 100개… 13,800 매도… 손절

보유… 마크… 100개

계산하면…

콤텍… 60만5천원

지어… 45만5천원

이지… 8만원

에스… 3만 손절

1백1만원… 수익… 하루만에요.

그 동안 번 것 761만원… 더하기 1백1만원…

총액… 862만원… 천만원으로…

오버나잇… 마크로젠… 29,000… 100개… 31,000 매도

지어… 14,800… 500개… 상한가… 16,800… 홀딩

선진… 200개 홀딩

IHQ… 1,000개… 홀딩

마크… 20만

나머지는 계산 안 함

882만원 수익… 작년 12월 30일부터 1천만원 가지고요.

그 동안 수익 챙겼습니다.

지어… 3일째… 보유… 14,800… 100개… 오늘 19,200… 전량 매도

선진… 31,300… 200개… 33,000 매도

텔코웨어… 17,200… 300개… 19,000원 매도

시초가 텔레칩스… 14,400… 300개… 15,100… 전량 매도

아모텍… 14,100… 300개… 14,800매도

보유 종목… 우리기술투자… 상한가… 1,000개… 콤텍… 상한가…
1,000개

계산하면요

지어… 44만원

선진… 34만원

텔코… 54만원

텔레… 21만원

아모… 21만원

합계… 174만원

지금까지 1천만원으로… 1천56만원수익… 100%… 축하해 주세요.

작년 12월 30일부터입니다.

해피펀드 / 대단하십니다. 아지매님! 짜장면 좀 사주이소~

나랑 / 아지매 축하합니다. 파이팅~ 짝짝짝

38kt / 오늘 무지무지 감사합니다^^

조대감 / 100% 축하드립니다.

3일 전 매수… 콤텍… 1,850 매수가… 1,000개… 2,535… 쓰리상 매도… 아직 보유하신 분 계시고

지어… 19,800… 100개… 20,000 매도

유니슨… 2,910… 매수… 3,000 매도… 1,000개

오늘 매매

지어… 19,200… 200… 매수… 20,000 매도

엘지카드… 6,000… 500개 매수… 6,330 매도… 상한가

우리기술투자… 1,800 매수… 186… 매도… 2,000개… 상한가 매도

다시 흐를 때… 1,750… 2,000개 매수… 상한가 홀딩

보유 종목… 우리… 2,000개

버추얼텍… 1,000개

계산하면

콤텍… 68만5천원

지어… 10만원

유니… 9만냥

엘지… 16만5천원

우리… 12만원

116만원 수익… 지금까지… 1,281만원… 원금 합쳐… 2,281만원

오버나잇 우리… 1,800… 2,000개… 1,860… 매도
버추… 2,730… 1,000개… 2,600… 매도… 손실
오늘 매매…
지어소프트… 16,500… 300개… 17,500 매도
신지소프트… 25,500… 200개… 26,000 매도
에스디… 12,100… 300개… 12,700 매도
보유 종목… 하이닉스… 평단가… 15,600… 500개… 종가 16,200냥…
홀딩
계산 때리면요.
우리… 12만냥
버추… 13만냥 손실
지어… 30만냥
신지… 10만냥
에스디… 18만냥
오늘 수익… 57만냥
1,338만냥… 지금까지 수익

아침 시초가… 신동방… 12,000 공략… 500개… 12,500 매도

신지소프트… 24,500… 300개… 25,500 매도

광동제약… 매수가… 매도가

신동방… 주당… 500원 챙김… 100개… 재차… 100개 매수

지어소프트… 어제… 18,300원… 200개 중… 100개… 15,100 날려보냄.

보유 종목…

신지… 어제 것… 200개

삼우… 1,000개… 3월 22일 결산할 것임… 중기

지어… 100개… 18,300원

신동방… 100개

IHQ… 2,940… 2,000개 매수… 종가… 3,200냥

계산하면요

신동방… 25만냥

신지… 30만냥

신동방… 5만냥

지어… 32만냥 손실

수익… 28만냥

총수익금… 1,452만냥입니다.

보유 종목

신지소프트… 2일 보유… 200개… 수익

삼우통신공업… 중기… 3월 22일 결산 예정

서울식품… 2,000개… 1,375… 매수

에스디… 100개… 내일 추가 매수 예정

지어소프트… 2일 전… 18,300… 매수… 남은 100개… 16,500 전량 매도… 손실

바이오랜드… 15,000… 500개… 15,800… 매도… 상한가 15,950냥까지 분출… 그 후 무너짐

모아… 아직 보유한 분 계셔서… 상한가… 3만냥… 챙김

IHQ… 아직 보유… 회원님… 일부만

2,940… 2,000개… 3,450… 전량 매도

계산하면…

지어소프트… 28만 손실

바이오랜드… 40만냥 수익

모바일원… 3만냥

IHQ… 98만냥

수익… 113만냥… 수익, 총액… 1,565만냥

어제 보유

신지소프트… 2일 전… 27,000… 200개 매수… 29,500… 전량 매도

그런 후… 27,500… 200개 재매수 후 28,400… 매도

3탕은 본전

서희건설… 어제… 선취매 1,370원… 2,000개… 1,450… 전량 매도

오늘…

솔본… 6,150… 1,000개… 6,330… 상한가 전량 매도

캔디글로벌… 1,860… 1,000개… 1,910… 상한가 전량 매도

삼양옵틱스… 17,900… 200개… 18,500… 매도

서울식품… 15,900… 200개… 15,500매도… 손실

텔코웨어… 어제… 18,000… 200개… 17,300 전량 매도 손실

보유종목

중기… 삼우… 3월 22일 결산 예정

IHQ… 2,970… 이틀 전 매수한 것 오늘… 3,780… 어제 일부 정리…

1,000개 보유

에스디… 극비… 15,600 매수… 500개… 홀딩… 종가… 16,350

계산하면

신지… 68만냥

서희… 16만냥

솔본… 18만냥

캔디… 5만냥

삼양… 16만냥

서식… 8만 손실

텔코… 14만… 손실

오늘 수익… 101만원 수익

지금까지… 천만원으로 1,665만원… 수익

보유… IHQ… 2,940… 1,000개… 3,900 매도… 다시 붙을 것임.

에스디… 평단가 15,600… 500개… 16,500… 300개 매도

오늘…

예당… 9,750… 500개… 10,200매도… 상한가 마무리… 시초가 매매

삼성테크윈… 지겨워서 본전

현대건설… 18,150… 200개 매수… 18,250매도

콤텍시스템… 2,300 매수… 1,000개… 2,250… 매도… 손절

신지소프트… 26,500 매수… 300개… 29,000… 200개 매도

보유 종목…

중기… 삼우… 1,000개

하이… 300개

신지… 100

에스디… 나머지… 200개

IHQ… 96만원

에스… 27만원

예당… 22만5천원

현건… 3만냥

콤텍… 5만 손실

신지… 50만냥
합계… 193만 5천원 수익… 오늘 하루…
총액… 18,585,000원.

뉴요커 / 첫방송이라 구경만 했는데 역시 명성 그대로더군요. 특히 아지매님 싸인에 따라 카스칼님과 글로벌님의 준비된 분할매수와 분할 매도는 영화처럼 멋있었습니다…

부록 2

백수 아지매 10억 만들기
회원들의 매매일지

겨울사랑님 / 2005. 1. 7

오랜만에 매매일지를 올려 봅니다.

다음… 50원 아끼다 시초가 매매 못하구요.

유니슨 어제 300주 5,960에 매수해서 평단 6,500원 매도 150,000 수익

주성엔지니어 200주 11,100원 매수 11,400원 매도 52,000원 수익

삼양옵틱스 100주 12,050원 매수 11,800원 손절 29,000원 손실

(삼옵은 두번 들어가 두번 다 당했네요… 이젠 하지 말까!)

마크로젠 100주 33,200원 매수 종가 34,550 매도 122,000원 수익

(아지매님이 들고 가신다고 했는데… 정말 저는 마크로젠을 무서워해서 매도, 하도 당해서…)

액토즈소프트 200주 17,250원 매수해서 보유 중

오늘도 총 283,310 수익입니다.

뭐 얼마 안 된다고 하실 분도 계시겠지만

맨날 퍼렇다가 매일 조금씩 빨간 날이 계속되니… 저는 좋네요. ㅎㅎ

요즘 아지매 10억 만들기 그대로 따라 해서 수익이 조금씩 늘어납니다.

정말로 10억이 되면 좋겠는데…^^

주말 잘 보내시고 아지매, 회원님들 월요일에 뵙죠!

백수아지매 / 정말 잘하십니다… 겨울사랑님… 욕심은 금물입니다… ㅉㅉㅉㅉ

카스칼님 / 2005. 1. 7

매매일지라는 게 일기와 같아서 매일매일 쓴다는 게 쉽지 않네요…
일기 쓰기에 익숙치 않아서… 쩝…
암튼 오랫만에 써보는 일지가 되네요.
그 동안 많은 변화가 있었죠…
아지매의 매매 방식 변경… 그리고 새 식구들…
연말부터 새해까지 많은 수익이 있었습니다…
그 동안 수익낸 종목들을 하나 둘 쓰려니 도무지 생각이 나야 말이죠…
사실 귀찮습니다… 찾기가…
그래도 오늘은 맘 잡고 일지 한번 써보려 합니다…
아침 시초가 공략… 다음…
이넘 이거 50원 더 싸게 잡으려다 지붕만 쳐다보았네요… 쩝…
그리고 주성엔지니어…
11,100원에 300주 매수 11,550원에 100주 매도 45,000원 수익
그리고 나머지 200주 종가 11,700원매도 12만원 수익
마크로젠 12,800원에 100주 매수 14,200원에 매도 14만원 수익
이렇게 매매했습니다.
다른 분들은 몇 종목 더 매매를 했지만 전 오늘 두 종목만…
요즘 다들 많은 수익이 나서 기분이 좋습니다…

파란하늘님 / 2005. 1. 10

하루의 매매를 뒤돌아보는 의미에서도 앞으론 가능하면
매매일지를 계속 올리려 합니다.

새해 들어서 계속되는 코스닥 랠리가 오늘도 이어졌군요.

요즘 시초가 매매 성공률이 100%인데 오늘도 또 성공했습니다.

오늘은 4종목 매매를 해봤습니다.

1. 한단정보통신 : 2,230 매수 2,325 상한가 매도, 시초가 공략이었습니다.

2. 마크로젠 : 33,950 매수 35,100 매도, 또다시 33,450 소량 매수했는데 종가에 좀 많이 빼더군요.

주포의 의도가 뭔지는 내일 확인이 되겠지요. 그래도 걱정은 안 합니다.^^

3. 액토즈소프트 : 금요일 17,250 매수 홀딩 후 18,200 매도

4. 현대건설 : 17,850 매수 후 홀딩입니다.

아지매님은 물론, 오늘도 회원 여러님들 수고 많으셨습니다.

전에는 개인적으로 여러 종목 기웃거리다가 손실이 많았었는데, 지난 주부터 아지매님 가상 매매를 따라 하니 무척 마음도 편하고 수익도 계속 매일 쌓이니 즐거울 따름이네요.

내일 더 좋은 종목을 기대하면서 님들 편안히들 쉬십시오.^^

아지매님과 호흡을 같이한 2일차 매매일지입니다.

1) 한단정보통신(금일 매수 2,220원×1,000주 -> 2,325원 매도) : +100,000원

2) 액토즈소프트(전일 매수 17,200원×100주 -> 18,000원 매도) : +80,000원

3) 서울식품(금일 매수 8,750원×100주 -> 8,690원 매도) : -6,000원

4) 현대건설(금일 매수 xxxxx원×150주 -> 오버나잇)

5) 마크로젠(금일 분할 매수 xxxxx원×100주 -> 오버나잇)

6) 에스에프티(회원 가입 전 보유 종목 3,420원×1,000주 -> 3,940원 매도) : +520,000원

▶ 회원 가입 후 수익 : 174,000원(금일) + 404,000원(전일 누계) => +578,000원

※ 회원 가입 전 종목(6번)과 수수료를 미반영한 단순 금액임.

우리 대장님의 시초가 매매의 성공율이 매우 좋아서 적극 대응하려고 총알 장전 완료했습니다.^^ 그럼 내일도 모두 성투하십시오.^^

백수 아지매 / 아이구… 하늘님, 저랑 오래토록 같이 하고 싶으시면 반드시 물량 조절하셔야 합니다. 도우미 루이님이 만든 사자성어 반드시 필독하시구요. 제발 제가 제시한 수량 철칙으로 지켜야 합니다. 저는 인간이지 신이 아니라는 걸 꼭 명심하세요…

겨울사랑님 / 2005. 1. 10

오늘도 10억 만들기 그대로 따라 했습니다.

한단정보통신

2,210에 1,000주 매수 상한가 2,325에 매도, 100,000원 수익

액토즈소프트

지난 금요일 17,250원 200주 매수 오늘 18,000원 매도, 140,000원 수익

현대건설

17,900원 200주 매수 보유중

마크로젠

34,100원 100주 매수 보유중

오늘도 약 24만원 가량 수익입니다.

안정된 매매를 해서 마음이 편안하고 너무 좋습니다.

추운 날씨에 아지매, 회원님들 건강 유의하시고 내일도 성투하세요…

루이님 / 2005. 1. 20

유엔젤 12,250~12,300원 매수 → 13,000원 매도

한빛소프트 4,970원 매수 → 5,150원 매도

중앙백신 전일 3,960원 매수 → 4,000원 매도

동원수산 전일 11,550원 매수 → 11,900~12,000원 매도

삼양옵틱스 13,000~13,050원 매수 → 12,700~900원 손절

마크로젠 24,800~25,000원 매수 → 매수가에 정리

파라텍 2,300원 매수 → 2,440원(상한가) 매도

보유 종목 : 마크, 동원

오늘은 참 힘든 장이었습니다. 하지만 개인적으로 물려서 한 달 넘도록 가지고 있던 종목이 수익으로 돌아섰습니다. 오늘은 다리 좀 뻗고 잘 수 있겠습니다.

파라텍 들어갔는데 갑자기 빠질 때는 정말이지 마녀 사냥 당할까 두려웠습니다. 하지만 이제 제 징크스가 완전히 해소된 것 같아 안심입니다. 그래도 당분간은 조심할 생각입니다.

옆에서 항상 코치해 주신 백수 아지매님, 3D업종의 카스칼님, 그리고 미스 코리아감 재민이 아빠… 그리고 제 사자성어 캠페인에 동참해 주신 좋은친구, 해피펀드, 파란하늘, 홀짝도련, 해피상한, 일취월장, 겨울사랑님 등등… 그 외에 항상 저를 위로해 주신 방송 회원분들께 백배 감사드립니다.

망고님 / 2005. 1. 21

홀딩한 에이디칩스… 상… (730,000 수익중) 홀딩중

인바이오넷… 상… (790,000 수익중) 홀딩중

동원수산… 12,000 매수… 13,100 매도…(550,000 수익)

동원수산… 12,750 매수… 13,200 매도…(225,000수익)

케너텍… 12,500매수… 홀딩중…

오늘두 수익이… 2,295,000원이네요… 주말 잘들 보내세요…

오늘 수익 나신 분들 모두 츠키합니다.

재민짱 / 망고님 부럽네요. 수익 축하드립니다. ^^

카스칼 / 망고님은 고수여… !

샛강자 / 담주부터는 일지 캡쳐해서 올려주시면 더 좋을 것 같네여!

겨울사랑님 / 2005. 1. 21

망고님 위에 글을 올리니 영 부담스럽네요…
장 끝나고 오늘은 시간이 나네요…
옴니텔 아침에 회의 끝나고 6,970에 500개 잡아서 좀 일찍 7,300원 매
도 141,000원 수익
넥스콘테크 4,095원 1,000주 매수 상 4,390 매도, 274,000원 수익
케너텍 분할 매수로 12,550원 매수 홀딩중이구요.
한화석화 장기로 보유 4.6% 수익중~
총 416,000원 수익입니다.
에이디칩스는 쩜상이네요…

재민짱 / 축하드립니다. 오늘만 같음 좋겠네요.^^
달빛산행 / 저도 축하…^^ 난 언제쯤이나 저렇게 수익을 낼 수 있을런지… 에
　　　　효 ㅡ.ㅡ
카스칼 / 겨울애님… 축하드려요…^^

금천님 / 2005. 1. 26

어제 1개월 넘게 가지고 있던 에이디칩스 5,210 매수해서 8,300원 매도하여 60% 수익 발생

금액이 좀 많아서 수익 금액이 큽니다.

오늘 광동제약 집중매매로 13,000주 2,000원에 매수 2,185원매도 9% 수익… 230만원 수익. 오늘 종가로 인xx매수 4,000주 보유중. 오늘 저는 광동제약에서 아지매님의 종목 선정 실력이 유감없이 발휘되었다고 생각합니다. 감탄했습니다.

어제 오늘 총수익 금액은 너무 커서 여기서는 안 쓰겠습니다. 아지매님께 감사드리고 잘될 때 항상 조심하는 마음으로 매매하고자 합니다.

욕심을 최대한 줄이라는 아지매님 말씀 기억하면서… 그런데 저는 아직 우수회원에 안 들어보내는 겁니까.

우선 아지매님! 정말 감사드립니다.

사람 마음이 간사하다고 하지만 정말 이 자리를 빌어서 감사드립니다.

오늘은 제가 보유한 총금액의 10.2% 수익이 발생했습니다.

정말 자금만 충분했다면 벌써 많이 벌었을 것 같은데 ㅠㅠ

하지만 차고차곡 올라가다 보면 저의 자금에도 뒤에 0이 하나 더 붙는 날이 오겠죠… ㅎㅎㅎ

오늘의 매매일지는 다음과 같습니다.

지어소프트 : 오전 일찍 상한가 말아주고 조금씩 흐르는 모습 연출… 아지매님 믿고 홀딩할까 하다가 오후 장에 내일 일찍 패대기친다는 말씀에 상한에 매도. 이익 실현 +210,000원 수익

텔레칩스 : 지어를 보유하고 있는 중에 아지매님이 말씀하신 종목 선진과 기타 종목에 묶여 있어서 돈도 없는데… 에라 아지매 얘기다 미수쳐서 150주 매수… ==> 상한가 매도 ㅎㅎㅎ

장중에 또 흐르길래 다시 17,500원 재매수, 미수라서 다시 상한가에 매도후 10주만 보유중 ===> +190,000원 수익

선진 : 이놈 나쁜 놈, 이놈에 돈 묶여 있어서 마음 졸였는데 아지매님의 강권에 못이겨 홀딩중 장 막판에 대약진… 와 살다 보니 이런 날도 다 있네 그랴… ㅋㅋㅋ 34,000원 이상에서 반 매도후 반 보유 ===> +207,000원 수익

솔고바이오 : 일부 종목 매도후 약간의 여유 자금이 생긴 관계로 매수 후 홀딩 ===> -44,000원 손실중

유니켐 : 이놈 일찌감치 아침에 1,710원 매도후 1,570원 재매수 재매도 재매수 번갈아 하다 보니 결국은 똔똔 ==> 욕심은 금물^^

퍼스텍 : 점심값 벌러 들어갔던 종목 ===> +50,000원 수익

기타 : 터보테크와 IHQ는 찌질거려서 각각 2만원 정도의 손실

신지혜님 / 2005. 2. 15

1. 퍼스텍 2,130×2,000주 ====>2,180 매도(상한가 근처까지 갔으나 밥
값 벌러 들어갔기 때문에 미리 짜름.)
수익 10마넌
2. "지어소프트" 보유해서 넘어온 200주 ======> 상한가 전량 매도
14,800 ===> 18,800
수익 80마넌
3. "텔레칩스" 16,900×100주 =====> 상한가 전량 매도 18,300
수익 14마넌
"선진" 어제 홀딩한 종목 오늘 튀어올라 오늘도 홀딩. 내일 기대를…
오늘 수익 104마넌, 총수익 175마넌
오늘도 수고하셨습니다.

재민짱 / 이야!~ 지혜님 시부지기 그렇게나 수익을 올리셨어여? 이제서야 빛
　　　　이 나네요… 축하드립니다.
백수아지매 / 얼렁… 시집가야지요…^^
erick / 너무 매일매일 부러워요… 앞으로도… 많은 수익 내셔서 부자되세요
　　　　…^^

카스칼님 / 2005. 2. 15

오늘은 천당과 지옥을 오고 갔네요…

전일 상한가 홀딩한 지어소프트 오늘도 역시 상한가 2상…

그리고 어제 매수한 ㄹ ** 홀딩

한화석화… 휴맥스 홀딩 중…

그리고 선진 오늘 30,000원 깨고 장 후반에 급등해서 수익중인데 홀딩…

텔레칩스만 오늘 아침 16,900원에 200주 매수 18,200원에 매도, 수익 260,000원

오늘 수익은 260,000원

추천주를 다 사고 싶었지만 보유 종목이 많아서 참았네요…

허벅지 푹푹 찌르면서…^^

재민짱 / 카스칼님 욕심이 많으시네요. ㅋㅋㅋ 그리 버셨으면서 또 버실라꿍
…^^ 암튼 수익 축하드려요…
백수아지매 / ㅉㅉㅉㅉ

erick님 / 2005. 2. 15

저는 2월 11일부터 아지매 방송을 처음 듣고, 주식에 그야말로 초보라서 그냥 아지매 말만 100% 믿고 따라 갑니다.

자금이 그다지 크지 않지만 나름대로 열심히 따라 가겠습니다.

오늘은 "지어소프트" 15,000원 매수해서 18,800원에 매도

"터보테크" 3,040원에 매수해서 3,050원에 매도

"퍼스텍" 2,145원에 매수해서 2,185원에 매도

총수익 : 400,000원 (월요일에 17만원도 있네요.)

"텔레" "선진" "솔고" "한국코트렐" 홀딩중입니다.

다른 분들에 비해서 수익이 그다지 크지는 않지만 욕심 안 내고 하렵니다. 이 돈들도 하루하루 쌓이면 커지고 실력도 나아지면서 배울 수 있는 것에 감사하고 공부하렵니다.

재민짱 / 수익 축하드립니다. 조금씩 천천히… 그러다 보면 대박도 가능하겠죠? 화이팅입니다. ^^

정인 / 3,040원에 매수해서 3,050원에 매도하면 손해 아닌가요? 수수료도 안 나올 거 같은데… 2,145원에 매수해서 2,485원에 매도해도 남을 거는 없을 듯… 흠… 초보라 하시면… 단타는 금물 같은데요. 차라리 2~3일짜리 스윙이 좋을 듯싶네요.

정인 / 예전에 어느 데이하는 분이 하이닉스로 4분만에 수익을 날렸다는 뉴스를 본 적이 있네요. 개미의 특성은 벌 때는 쪼금, 잃을 때는 폭싹…

해피펀드님 / 2005. 2. 16

금일은 욕심이 얼마나 큰 화근을 부르는가 다시금 깨닫게 해준 하루…

아지매 말을 교주님의 말씀처럼 믿고 따르다 장중에 풀 미수를 때리는 우를 범하다니… ㅋㅋㅋ 하지만 전 다른 님들처럼 종자돈이 많지 않기에 저에게는 큰 수익입니다.

그러면 오늘의 매매일지 적어볼랍니다.

선진 : 매도했습니다. 장 초반에 +권에서 매도했으면 하는 아쉬움이 있지만 아지매님 말씀 듣고 매도

솔본 : 어제 가지고 넘어왔던 종목으로 매수가가 매도가

우리기술투자 : 아침 일찍 카페에 올라와 있는 아지매님 글 보고 일찌감치 1,460원에 대놓은 거 매수됨. 몇 주 되지 않았지만 장 후반에 미친 듯이 올라와 상한 근처에서 반매도 후 500주 보유중 +130,000원 수익

아모텍 : 장중에 아지매님 말씀 듣고 매수 후 전량 매도 +50,000원 수익

텔레칩스 : 어제 가지고 넘어온 종목으로 상한에 매도 못하고 +44,000원 수익후 매도

콤텍시스템 : 으미~아까븐 종목, 이넘한테 풀 미수치는 건데… ㅎㅎㅎ 오에 미수 치는 바람에 1,000주 매수 후 보유중

오 : 정말 아까운 종목 2,350원에 매수했다가 점점 빠지길래 마음은

졸였지만 아지매 말씀 듣고 풀 미수로 2,280원까지 단가 낮춤 장중 한때 4,000주까지 보유. 이거 계속 가지고 2,400원 이상에서 매도했으면 대박 인데… 아까비 가슴이 새 가슴이라… 장중에 조금씩 매도하다 보니 결 국 +40,000원 수익보고 매도… 휴~그나마 손실 안 본 게 정말 다행… 욕심은 금물.

겨울애님 / 2005. 2. 16

오랫만에 씁니다. 계속 적지 않은 수익이 있었는데…

게으름…^^

오늘 수익이 많네요.

지어소프트 엊그제 매수한 거 500주 19,200원에 매도해서 2백 몇 만원 수익…

선진 엊그제 매수한 거 300주 32,100원에 매도해서 28만원 수익…

아모텍 14,100에 매수해서 14,700원에 매도, 29만원 수익…

우XXXXX는 늦은 점심 먹느라 못했네요…

ㅋX도 못하고…

내일도 또 좋은 종목 주시겠죠.^^

대략 오늘 2,560,000원 수익이네요. 이번 주 3일 동안 3백만원 정도 되네요…

요즘 좀 바쁜데도 아지매님과 함께 해서 수익이 상당하네요…

진짜로 회사 때려칠까요? ㅎㅎㅎ 감사합니다.

☆딸기아빠☆ / ㅉㅉㅉㅉ 축하드립니다.

erick / 정말 회사 그만두셔도 되겠네요… 부럽습니다. 내일도 화이팅!

백수아지매 / 때려치우세요… 제가 도와드릴께요…^----^

queen / 회사는 절대 그만두지 마세요…

카스칼님 / 2005. 2. 18

오늘은 아침부터 긴장 그 자체였습니다…

전날 매수하여 물린 지어소프트에 대해 아지매가 무척이나 겁을 주셨기 때문에… 오늘 아침은 지어 매도로 시작했네요…

지어 전일 19,850원 500주 매수 20,600원 500주 매도, 수익 375,000원

액토즈소프트 전일 16,350원 500주 매수 16,600원 500주 매도, 수익 125,000원

버추얼텍 2,750원 10,000주 매수, 2,710원 5,000주 매수, 2,690원 5,000주 매수, 매도 2,800원 10,000주, 매도 2,815원 2,000주, 매도 2,780원 3,000주, 매도 2,750원 3,000주, 수익 650,000원 2,000주 홀딩

그리고 나머지 두 종목 휴맥스와 한화석화 그리고 버추얼텍 홀딩중입니다.

휴맥스는 아직 손실 중이구요. 한화석화는 3개월을 들고 있었는데 이제서야 가네요. 물량이 좀 많아서 꽤 짭짤하네요. 그 동안 맘 고생이 심했는데…

월요일날엔 버추얼텍 정리가 됐으면 좋겠는데…

요즘 아지매 덕분에 수익이 굉장하네요…

이번 주말엔 아내 앞에서 어깨와 허리에 힘 좀 주겠습니다…

오늘 총수익 1,150,000원

모두들 즐거운 주말 보내시길 바랍니다.

zzangdog님 / 2005. 2. 22

매매일지라기보다는 아지매와 함께한 한 달 간의 적응담이라고 하면 맞겠습니다. 직장에서 눈치 보며 거래를 하다 보니 방송을 끝까지 들을 수가 없어 중간중간 이어폰을 끼고 살짝살짝 거래를 했습니다.

아지매와 함께 하기 전에 잘 나가는 애널 두 분을 거치고 왔습니다. 뭣 땜에 왔겠습니까! 맞습니다 손실이었습니다. ㅋㅋㅋ 그렇다고 그 분들이 못하신다는 말씀은 아닙니다. 지금도 왕성하게 활동하는 애널이니까요!

사실 아지매와 한 달 동안 거래하면서도 손실이 났습니다. 가입 만기일을 3일 남겨놓고 40% 손실이었습니다. ㅠㅠ

2월 16일부터 동계휴가를 냈습니다. 3일 동안 회사가 아닌 집에서 마음 편하게 아지매 하라는 대로 따라 했습니다. 철저하게 따라 했지요. 한 가지만 빼고요. ㅋㅋㅋ 네버 미수 요건 어겼습니다. 미수 풀로 써서 하라는 대로 했지요^^ 아지매방 가입할 때 원금 그대로 복구했습니다. (3일만에 손실 본 40% 복구했습니다.)

심도 깊게 생각하는데 회사 때려치우고 아지매한테 빌붙으면 10억 해낼 수 있을 것 같습니다. 자신감이 생겼습니다. 근데 딸린 새끼가 셋이고 마눌까지 시퍼렇게 눈 뜨고 저를 쳐다보고 있기에 차마 그럴 자신이 없군요^^… 그 대신 아지매 패턴을 완전히 익혔습니다.

일요일 어제 다시 가입해서 오늘 하이닉으로 승부를 걸었습니다. 오늘

부턴 버는 대로 수익입니다.^^ 오늘도 수익 났습니다~앞으로도 매일 조금씩이라도 수익을 내기로 했습니다. 나름대로 저의 막가파식 거래도 많이 고쳐졌습니다.

　욕심 이게 저에겐 엄청난 적이었습니다. 가만히 생각해 보니 한 종목에 목숨 걸고 최대 수익을 챙기려구 끝까지 잡구 있었지요. 그러다 매수가보다 빠져도 팔지 못하고 계속 들고 있다 결국은 손절로 손실극대화였지요. 올라갈 때 팔지 못한 이유는 다음 투자 종목을 찾지 못해 불안해서였는데 아지매의 끊이지 않는 추천 종목은 저를 편안하게 해주었습니다. (새 털보다 많은 주식이 있는데……)

　이젠 미실현 이익에 즐거워하지 않고 조금이라도 실현 손익에 기뻐할 줄 알게 되었습니다. 이게 아주 중요하더라구요^^ 허접한 글이었습니다.

　이번 달 안에 100% 수익 목표입니다. 지켜봐 주세요^^ --감사합니다

해피펀드 / ㅉㅉㅉ 추카드립니다. 전 왜 아직도 욕심이 버려지지 않을까요?
백수아지매 / 장독대님… 재미있습니다…^^
재민짱 / 맞습니다 맞고요! 적은 수익이라도 챙겨야 내께 되죠. 수고하셨습니다.
파란짱 / 어려운 여건 속에서도 손실을 다 복구하셨다니 대단하시네요. 이제 앞으로는 수익 쌓이는 것만 남았군요.^^
신지혜 / 지켜보겠습니다^^ 성투합시다.
조대감 / 정말로 무엇인가를 많이 느끼게 하는 매매 일지입니다. 장독대님 꼭 말씀대로 성공하실 겁니다.

장인홍님 / 2005. 2. 22

안녕하세요…^^

매매일지에 글을 올리기는 처음입니다.

1월 무료 방송때 가입해서 이번 주가 끝나는 주입니다..

첫째주는 적응하느라고 손실이 컸습니다.. -50%(300정도 됩니다.)

저뿐이 아니라 그 주에는 우리 방 식구들이 모두 손실을 본 걸로 알고 있습니다. 제가 욕심을 과하게 부려서 좀더 손실이 더 많았습니다. 적은 금액이다 보니 분산 투자를 못해서 한 곳에 몰빵하였는데 그 종목이 번번이 손절을 하게 되었습니다..

두 번째주는 구정으로 매매을 못하였습니다.

지난주부터 조금씩 수익을 내고 있습니다. 너무 자금이 적다 보니 원상 복구가 까마득하여 이번 주에 돈을 좀더 보충 투자했습니다. 그리고 하루 얼마 안 되는 돈이지만 꾸준히 5~6만원 선에서 수익이 납니다. 조금 더 하면 원상 복구하겠지요…

제가 2003년도부터 프리미엄 방에서 매매를 좀 했습니다. 한 애널 밑에 최소한 2~5개월 정도 몇 분을 거쳤습니다. 공통적인 것은… 오늘 하이닉스와 비슷합니다. 아주 모양이 보기 좋고 전망이 좋아 애널이 추천을 강력하게 하여 방 식구들이 풀 미수로 들어가는 경우가 몇 번 있었습니다. 매도하지 말고 계속 보유할 것을 요구하여 계속들 보유하고 있었지요. 다행히 오늘 하이닉스는 올라와서 안도의 숨을 쉬었지만…

그땐 운이 없어서 그냥 하강을 하여 한 종목당 30%씩 손절하는 경우도 있었습니다… 방 식구들이 원성이 많아서 무료로 프리미엄 방 기간을 연장해 주곤 하였습니다. 그렇게 하다 보니 엄청난 손실을 보게 되었습니다. 제가 매매를 하면서 터득한 것은 수익이 나면 무조건 팔아야 한다는 것이었습니다. 욕심 부리지 말고.

오늘의 실수 = 아침에 부광약품이 매수가 위로 올라갔습니다. 매도할까 하다 어젯밤 아지매 말이 생각나 그냥 두기로 하였습니다. 그리고 하이닉스에 골몰하다 보니… 부광약품이 하락하는 것을 보지 못했습니다. 이미 봤을 때는 매도 시기가 지났다고 판단되어 그냥 가지고 가기로 결정했습니다.

오늘 잘한 일 = 비록 수익은 적게 났어도 하이닉스 처음에 홈매트에서 매수 사인이 안 나서 계속 다시 입력한 것이 다 매수가 되는 바람에 미수까지 사용하게 되었습니다. 그리고 애를 태우고 또 옛날같이 되는 건 아닌가 하여 매우 불안하였습니다.

그러나 다행히 다시 올라온 하이닉스 과감하게 미수분뿐만이 아니라 내가 보유해 가도 될 만큼만 남기고 매수 15,850원에 1,200매수 16,000원에 1,000주 팔았습니다.

망설임 없이… 그리고 나니 마음이 매우 편하였습니다.

나머지 200주 정말 편하게 바라볼 수 있었거든요.

작은 수익에 만족하며… 백수 아지매에게 감사드립니다.

그리고 늘 가차 없이 손절시키시는 아지매가 마음에 듭니다.^^

손실을 최소화할 수 있는 최선의 길이니까요.ㅎㅎㅎ

제가 손절을 잘 못하거든요 미련해서…ㅠㅠㅠ

아무튼 오늘도 감사드립니다.^^

백수 아지매 / 이제라도 저의 패턴을 익히셨다니 다행입니다. 축하합니다. 앞
으로는 잘 되시리라 봅니다.

재민짱 / 적은 수익도 챙겨야 자신의 것이 된다는 걸 저도 뼈저리게 느꼈습
니다. 매수는 아지매가 주시지만 매도는 자신이 세운 계획에 들었다
싶으면 매도^^ 물론 빨리 팔면 아지매가 혼내는 경우가 종종 있지
요. 그래도 어쩌겠습니까. 이익 실현했는데…^^ 수고하셨습니다.

파란짱 / 많은 아픔이 계셨군요. 아마 주식 하는 사람치고 그런 아픔 없는 사
람이 없을 거라 생각됩니다. 이제 새로운 마음으로 백수 아지매님과
함께 한 걸음씩 정진해 나가시면 곧 큰 기쁨이 찾아오리라 생각됩
니다. 화이팅~!

카스칼님 / 2005. 2. 22

오늘은 아침부터 손에 땀을 쥐게 한 대반전의 하루였습니다…
한화석화 평균 매수가 10,530원에 매수해서 3달을 참은 끝에 드디어
오늘 매도했습니다.
매도가 12,650원 2,000주, 12,600에 2,000주, 12,550원에 1,000주 매도
수익 10,400,000원
하이닉스 평균 매수가 15,650원에 5,000주, 매도 16,300원 5,000주, 수
익 3,250,000원
에스디 매수가 12,100원 500주, 매도 12,600원, 수익 250,000원
버추얼텍 매수가 2,690원 2,000주, 매도 2,560원, 수익 - 280,000원
오늘 수익은 엄청 많네요.
무려 석 달을 참아온 한화석화 오늘 드뎌 이익 실현했습니다.
아지매 감사합니다.^^
오늘 총수익 13,620,000원
저 혼자만 이렇게 버는 것 같아서 회원님들께 죄송합니다…
요즘은 매매일지 쓰기가 좀 부담스럽네요.
꼭 자랑하는것 같아서 말이죠.
이제 홀딩 종목은 한 종목입니다. 휴맥스… 아직 손실 중이지만
이녀석도 조만간 수익을 주리라 확신합니다.
참 장 막판에 한화석화 다시 들어갔어요… 조금 들어갔어요…

재민짱님 / 2005. 2. 22

갠적 사정으로 좀 늦게 매매일지를 씁니다. 오늘 하루를 정리하면서 적어봅니다. 이상하게시리 요즘은 딱 몇 종목밖에 못하게 되더군요. 그 이유를 곰곰이 생각해 봤는데. 제가 너무 저점을 찾느라 못 사더라구요.

"분할 매수" 잘 알긴 알겠는데 저점이 내려가면 "이 시점에 사면 갈까?" 이런 고민이 너무 되더군요. 그래서 오전 시초가 "하이닉스" 종목 일단 아지매 불러줄 때 샀고 약간 흘렀을 때 추가로 샀죠. 그런데도 평단가가 높더군요.^^ 그래서 더 저점에서 살려고 했는데… 앞전의 휴맥스 종목이 문득 머리를 스쳐 지나가더군요. 그 종목 물렸죠^^

한번의 저점에서 산 이후 끝까지 지켜봤습니다. 근데 웬걸 빠지더군요. 아지매가 참으라고 말씀은 하셨지만 왠지 마음 속에서 요동이 크게 일어났습니다. "손절? 참아?" 희비가 교차하면서 꾹 참았죠.. 결과는 좋았네요. 평단가는 다른 분에 비해 높았고 보유 수량도 적어 그렇게 많은 이익은 나지 않았지만 인내심에 한계를 넘어섰다는 거네요. 좋은 경험을 한셈… 결과 + 6개^^

또 생각했습니다. 참 아지매 대단하다라구염.(아부 아닙니다.^^)

오전 시초가 들어가기 전에 "하이닉스" 종목 이상한 느낌이 들었습니다. 왠지 앞전 "쓰리 적삼" 매집 구간인 거 같다고 하한가에서부터 땡겨 올라오는 게 심상치 않다고… 결국엔 아지매가 승리하신 거예요. 아쉬운 건 저점 때 못 잡아주신 게 아쉽지만 아지매가 신이 아닌 이상 어찌 알겠습니까?^^ 그래도 이익을 안겨다 주셨는데 감사하다고 해야겠죠.

위 종목의 오늘과 같은 분차트의 좋은 경험과 아지매의 노하우에서 나오는 종목 판단력 감탄한 하루였습니다.

오늘은 위 한 종목밖에 매매를 못했네요. 저점에서 살려는 욕심 때문인 것 같습니다. 매일매일 반성하면서 조금씩 실력 배양에 힘써야겠네요.

마지막으로 휴맥스가 계속 5일선에서 노네요.. 이 종목이 정리되는 날 더 따사한 햇살이 저에게 비치리라 기대합니다.

오늘 아지매와 회원님 모두가 지옥과 천당을 오가셨을 텐데 수고 많으셨구요. 푹 쉬시면서 내일을 위해 준비합시다. 수고 많으셨습니다.

파란짱 / 왜 느린 거북이 걸음이 당장은 답답하고 힘겨워 보이지만 천천히 한 걸음씩 정진해 나가는 게 더 큰 열매를 맺지 않나 싶습니다. 계속 쌓이는 학습이 나중엔 큰 결실을 맺으리라 확신합니다.

신지혜 / 수고 많으셨어요^^ 항상 본받을 점 많습니다

금천님 / 2005. 2. 28

에스디 어제 15,700원 1,100주 매수

오늘 16,600원 매도 짭짤한 수익

신지소프트 오늘 27,000원 1,000주

매수후 보유

ㅋ은 2,300원 3,000 보유중.

틀림없이 오늘도 수익을 주시는 아지매님께 감사드립니다.

대망의 지수 1,000포인트 시대가 열렸으니 회원 모두가 떼부자 되기를 진심으로 바랍니다. 그 일을 우리의 백수 아지매님께서 이끌어주시길 부탁드립니다.

백수아지매 / 축하합니다. 우짜던지 회사 때려치우는 데… 제가 보탬이 되겠습니다. ㅎㅎㅎ… 사모님이 아시면 제가 골로 가겠죠.

다들 잘 쉬고 계시는지요?

전, 잠시나마 모든 것을 잊고자 짧게나마 식구들과 바람을 쐬고 왔습니다.

너무 신경을 썼더니 머리가 어질어질해져서리…

아지매님 이하 다른 회원님들께서도 주식과 인생 모두에서 승리하시길 바랍니다.

이번 한 주 참 어려운 한 주였습니다.

종지는 역사적 고점인 1,000포인트를 과감히 뚫었습니다.

늘상 느끼는 거지만 돈 앞에 초연하기가 참으로 힘들어집니다.

죽어서 가지고 갈 것도 아닌데 왜 이리 돈에 목숨을 거는지 원…

죽음의 문턱에 여러번 갔다 왔는데도 쉽사리 초연해지지 못하는군요.^^

주말을 맞아서 또 새로운 3월을 맞아서 이제까지의 모든 매매를 다시 점검해 보고자 합니다.

아지매님의 말씀을 더욱 신중히 되새겨보고자 노력도 할 겁니다.

새로운 마음 가짐으로 3월장을 맞이하렵니다.

'우보천리'라는 말을 마음속에 깊이 새기고 다시 시작하렵니다.

백수 아지매 10억 만들기

2005년 3월 25일 초판인쇄
2005년 3월 30일 초판발행

지은이　이 난 희

펴낸이　박 명 호

펴낸곳　**명 지 사**

등록 : 1978년 7월 8일 제 5-28호
서울특별시 성동구 금호동 3가 188-1
전화 : 2233-6634 · 팩스 : 2233-6635
e-mail : myeongjisa@yahoo.co.kr
ⓒ 이난희·명지사
ISBN 89-7125-170-0 03320
잘못된 책은 바꾸어 드립니다.
값 12,000원

뇌를 알면 인생이 바뀐다

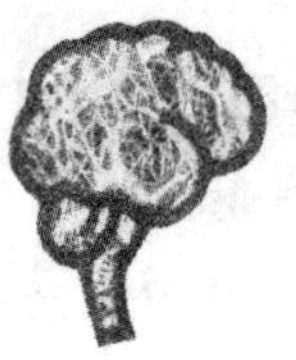

140억개의 신경세포로 이루어진 뇌의 비밀!

21세기에 들어선 우리는 선진국의 대열에 선다는 꿈이 현실화
되고 있다. 그러기 위해서는 위대한 두뇌가 필요하다고
모두들 역설하고 있다. 그런데도 내가 가지고 있는
자신의 뇌구조나 장단점을 잘 모르고 있다.
이 책에는 뇌의 역사와 발달, 컴퓨터는 사람을 능가할 것인가 등
신비스럽고 흥미진진한 뇌 이야기가
재미있고 알기 쉽게 담뿍 실려 있다.